CHÉRI(E), ON S'EXPATRIE !

GUIDE DE SURVIE À L'USAGE DES COUPLES AVENTURIERS

AF325827

Groupe Eyrolles
61, boulevard Saint-Germain
75240 Paris Cedex 05
www.editions-eyrolles.com

Maquette intérieure : Studio Eyrolles

Mise en pages : Caroline Verret

Illustrations : Magalie F.

Le Code de la propriété intellectuelle du 1er juillet 1992 interdit en effet expressément la photocopie à usage collectif sans autorisation des ayants droit. Or, cette pratique s'est généralisée notamment dans les établissements d'enseignement, provoquant une baisse brutale des achats de livres, au point que la possibilité même pour les auteurs de créer des œuvres nouvelles et de les faire éditer correctement est aujourd'hui menacée.
En application de la loi du 11 mars 1957, il est interdit de reproduire intégralement ou partiellement le présent ouvrage, sur quelque support que ce soit, sans autorisation de l'éditeur ou du Centre français d'exploitation du droit de copie, 20, rue des Grands-Augustins, 75006 Paris.

© Groupe Eyrolles, 2016
ISBN : 978-2-212-56278-1

Alix **Carnot**

CHÉRI(E), ON S'EXPATRIE !

GUIDE DE SURVIE À L'USAGE DES COUPLES AVENTURIERS

EYROLLES

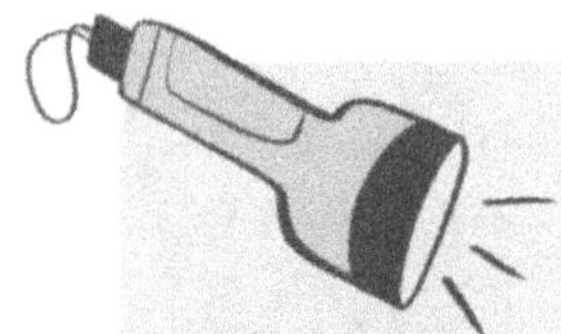

EXPAT VALUE

Réalisée expressément pour cet ouvrage, l'enquête Expat Value analyse l'impact de la mobilité internationale sur le couple et notamment sur les carrières des conjoints accompagnateurs. Avec plus de 3 500 réponses collectées, c'est la plus grande enquête jamais réalisée sur le couple en expatriation.

L'enquête menée en deux vagues, en janvier et en mai 2015 a généré 3 668 réponses.

L'étude est financée par le groupe Adeo, EDF, Saint Gobain, et la Caisse des Français de l'étranger (CFE).

Population étudiée : couple avec un contrat d'expatrié d'entreprise 59 % (les autres : local + 15%, détaché 7% et contrat local 19%).

L'étude complète est à consulter sur le site d'Expat Communication ou dans le groupe Facebook Expat Value.

SOMMAIRE

INTRODUCTION

Il est révolu le temps où Monsieur l'Expatrié partait aux quatre coins du monde suivi de Madame sa moitié qui se consacrait à ses enfants et à la carrière de son époux. Du moins, c'est ce que pensent de nombreux aspirants au départ. Pour eux, il est impensable que l'un des conjoints renonce à sa carrière à une époque où la parité se dessine comme une évidence et où l'avenir des couples s'annonce précaire.

Pourtant, en expatriation, les rôles anciens ont la vie dure. En 2015, dans 90 % des cas, c'est la femme qui suit son conjoint et seules 40 % d'entre elles travaillent pendant le séjour à l'étranger. Vous avez bien lu, ces chiffres datent de 2015. Ils reposent sur les réponses de plus de 3 000 expatriés francophones et ils recoupent les études mondiales sur le sujet[1] ! Comment se passera alors la confrontation entre les illusions des nouveaux arrivants et la réalité inattendue qu'ils vont rencontrer ?

En m'envolant pour l'Australie avec mon mari, à 25 ans, je faisais partie de ces optimistes motivés. Melbourne, destination de rêve pour une première expatriation ! Pourtant, la première année fut difficile, notamment parce que ma recherche de travail en marketing se révéla plus ardue que prévu. L'expatriation est un art. Je n'en avais pas les clés. Les quinze ans qui ont suivi furent un chemin passionnant. Pendant huit mobilités en France, en Espagne et en Italie, je n'ai cessé d'approfondir cette recherche d'équilibre entre amour, famille et carrière en expatriation, jusqu'à en faire mon métier.

---

1. Note importante : sauf mention contraire, les statistiques figurant dans cet ouvrage sont issues de l'enquête Expat Value réalisée pour cet ouvrage par la société Expat Communication. Voir la Bibliographie/Études, «Études», page 205.

Avant de partir, beaucoup de couples distinguent mal la mobilité internationale d'un banal déménagement. « Ne t'inquiète pas, nous ne partons qu'à Londres ! C'est la quatrième ville française et je la connais bien ! » Eh bien justement, les vieux routards de l'expatriation le répètent : ces mobilités qui semblent si simples sont tout aussi délicates pour les couples. L'expatriation est une transplantation qui requiert du temps, de l'attention et une bonne dose de savoir-faire.

Il est urgent de transmettre ces expériences des couples mobiles afin qu'elles vous soient utiles, à vous tous qui êtes concernés par l'expatriation en duo.

Expatriés, détachés, migrants, mariés ou pas, qu'importe le statut, ce qui vous rassemble est cette volonté de réussir à la fois votre vie de couple, vos carrières et votre vie à l'étranger.

Vous envisagez un départ et hésitez encore ? Vous trouverez ici une description complète de l'impact de l'expatriation sur votre vie à deux.

Vous êtes depuis peu à l'étranger et vous trouvez ces premiers mois déstabilisants ? Voici un guide pour retrouver un équilibre épanouissant et tirer le meilleur profit de cette étape.

Vous êtes de vieux routiers de l'expatriation ? La vie à l'étranger vous a déjà livré bien de ses secrets ? Ce livre vous rappellera de bons souvenirs et vous permettra d'éclairer des zones d'ombre ou de frustration que vous avez traversées.

Vous aussi qui escortez ces couples dans leurs tribulations, vous, professionnels des ressources humaines, vous dont les enfants sont expatriés et qui voulez mieux les comprendre, soyez les bienvenus à bord.

À vous maintenant d'utiliser selon vos besoins cette somme d'expériences mises à votre disposition : confidences d'amis de cœur, aveux de DRH, méthodes de baroudeurs, mystères d'alcôves, trucs d'expats, avis de coachs, paroles de psy… Butinez-y à votre guise. Avis important : aucun des couples évoqués ici n'existe réellement. Comme dans les jeux d'enfants où l'on assemble la tête d'un lion avec le corps d'un serpent et les pattes d'un aigle, ils sont tous constitués de l'expérience de multiples personnes réelles. Enfin, l'inénarrable Tante Sophie, grand-mère par adoption de tous les expatriés, ponctue le récit de ses avis intempestifs sans langue de bois. Avec ses 80 ans, c'est une grande observatrice de notre société qui a son franc-parler. Elle est la voix du bon sens dans un univers en pleine mutation.

La première partie vous emmènera en voyage de reconnaissance, à la rencontre des différents modèles d'expatriation à deux. Nous nous contenterons d'observer pour planter le décor. Après ce départ sur les chapeaux de roues, le rythme ralentira pour analyser en profondeur les enjeux d'une expatriation à deux : couple, carrière, international. Cela posé, il sera possible de partager les découvertes des expatriés pour souder votre couple et votre famille en expatriation. Enfin, nous aborderons le maxi challenge : conduire deux carrières de front, jusqu'au retour. Alors ceux qui hésitent encore pourront, dans les dernières pages, trancher pour de bon la question fatale : on part ou on ne part pas ? À la fin de chaque étape, nous vous proposerons une soirée aux chandelles autour d'un quiz à remplir tous les deux qui vous permettra de reprendre les réflexions à votre compte et d'avancer dans l'élaboration de votre projet.

Voici un livre à lire à deux, à votre rythme, comme une invitation au voyage et au dialogue en couple, pour mieux partir ensemble.

Andiamo...

EMBARQUEMENT :

5 MODES POUR CONJUGUER AMOUR, CARRIÈRES ET EXPATRIATION

Avant de prendre la décision de partir, il est toujours utile d'effectuer un voyage de repérage.

Voilà pourquoi dans ce prélude, les portraits vont se succéder rapidement. Au cours de ces rencontres, vous verrez naturellement se dégager les grands enjeux d'une expatriation à deux : l'effet sur le couple, sur la carrière, sur la relation avec le pays d'accueil. Nous y reviendrons ensuite de façon plus méthodique dans les parties suivantes.

Pour survoler ces enjeux, nous vous présenterons cinq couples, en commençant par le modèle traditionnel et encore très actuel du couple à une seule carrière. Nous observerons alors ce qui change lorsque la charge professionnelle du conjoint s'intensifie jusqu'au modèle du couple à double carrière. Nous croiserons ensuite un couple sur le mode en plein essor du célibat géographique pour finir avec les figures montantes de ces dernières années : le couple en contrat local que nous appelons ici les « migrants pionniers ».

Vous y êtes ? Attachez votre ceinture !

Ma sorcière bien-aimée : Monsieur l'expatrié suivi de son épouse

La première configuration de couple que nous allons observer a été nommée « Ma Sorcière bien-aimée » d'après le fameux feuilleton des années 1960, où figure le couple, finalement très traditionnel, de la sorcière Samantha, femme au foyer, et de son mari employé, Jean-Pierre.

Traditionnellement, l'expatrié était un homme et son épouse ne travaillait pas, assumant les tâches administratives et familiales. À la surprise des nouveaux venus, ce modèle demeure largement majoritaire chez les expatriés.

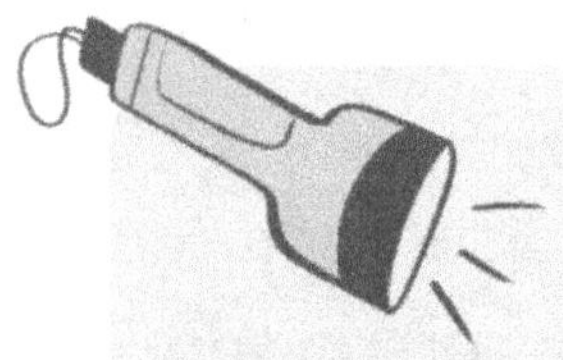

CHIFFRES CLÉS
État de la parité en expatriation

90 % des conjoints accompagnateurs sont des femmes. 60 % ne travaillent pas[1].

Il vaut mieux partir informé !

L'équilibre de Carlos et Isabelle, deux projets mais une seule carrière

Isabelle a démissionné pour suivre son mari muté au Vietnam. Pour lui, c'est un confort majeur de se concentrer sur sa prise de poste en déléguant à sa femme les aspects administratifs et logistiques ainsi que l'accompagnement des enfants dans leur installation.

---

1. Rappel : sauf mention contraire, tous les chiffres mentionnés dans ce livre sont tirés de l'étude Expat Value, Voir la bibliographie.

Par la suite, il a beaucoup apprécié qu'Isabelle gère leur vie quotidienne à Hanoï. Les week-ends à organiser prennent beaucoup de temps lorsqu'on a un continent à découvrir. Et quel plaisir de n'avoir plus qu'à choisir quand tout est prêt ! Isabelle s'est aussi investie pour rencontrer d'autres expatriés. Cela leur a permis de retrouver rapidement une vie sociale agréable. Le problème des vacances scolaires, si compliqué lorsque l'on est à l'étranger, est résolu : les enfants rentrent avec leur mère et Ferdinand passe le mois de juillet « de Rodriguez » (expression ibérique pour « célibataire provisoire épanoui ») avec les copains.

Isabelle s'accommode de cet équilibre. Sur le plan logistique, elle ne voit pas comment elle aurait pu faire autrement pendant les six mois où elle s'est débattue avec le service des visas, l'agence de location, les inscriptions des enfants et la découverte de son nouvel environnement. Confier les enfants dès le départ à une nounou étrangère dans une langue inconnue était, pour elle, inenvisageable. Elle apprécie par-dessus tout d'avoir du temps avec ses petits, elle qui culpabilisait tant de ne pas les voir assez auparavant. Elle est disponible aussi pour recevoir la famille et les amis qui viennent leur rendre visite. Au bout de quelques mois, elle s'initie avec passion au vietnamien et à la culture qui l'entoure.

L'association Hanoï Accueil a été sa bouée pour comprendre son environnement, se faire des amis et s'intégrer. Tout naturellement, elle a décidé de s'y impliquer en y devenant responsable des visites culturelles. Bénévole à mi-temps à 35 ans ! L'expatriation mène à des situations inattendues et passionnantes.

Les enjeux

Pour Isabelle et Carlos, cette période correspond à un moment heureux. Leurs rôles sont complètement différents, mais chacun a admiré l'autre pour sa capacité d'intégration. Isabelle mesure bien la complexité du rôle professionnel de son mari. Et Carlos apprécie la connaissance de la langue et de la culture locale de sa femme. Parfois, elle l'aide à décrypter des situations qui l'avaient laissé perplexe.

Chez les expatriés les plus âgés, le modèle de « Ma Sorcière bien-aimée » est souvent considéré comme « inévitable », même si c'est une situation souvent subie. Il en est de même chez ceux qui tous les trois ans, ponctuels comme des coucous, font leurs bagages et déménagent. Dans bien des cas, dans ces couples, la femme renonce à travailler et se spécialise dans son activité de relocation familiale pour pallier le manque de stabilité que connaissent les enfants. Dans un environnement mouvant, elle assure la continuité qui leur permet de garder des repères.

Un départ à l'étranger est aussi l'occasion délibérément choisie de faire une pause dans une carrière bien occupée. Isabelle explique avoir incité son conjoint à partir, car « pour sa carrière à lui, c'était indispensable et pour moi, les enfants étant petits, c'était une bonne fenêtre ».

En revanche, dans les cas où cette situation de conjoint au foyer est le résultat d'une contrainte, elle se révèle particulièrement frustrante. Pour ceux qui n'ont pas anticipé les obstacles : absence de visa de travail, horaires légers des écoles internationales, coût prohibitif des systèmes de garde dans certains pays, décalage entre leurs compétences et le marché local…, l'impression d'être piégé génère une amertume profonde. Dépendre de son conjoint à court terme pour sa subsistance et à long terme pour sa retraite n'est déjà pas simple lorsqu'on l'a choisi. Que dire lorsque c'est imposé *de facto* ? Par ailleurs, il n'est sain pour personne qu'un parent se retrouve enfermé à la maison avec ses enfants si cela n'est pas un choix.

Comme on le reverra dans la deuxième partie de ce livre, choisi ou pas, cet équilibre s'accompagne d'ajustements profonds dans le couple : les rôles sont redistribués et les rythmes de vie presque opposés. Tiraillements et questionnements sont inévitables !

Trouve-t-on des situations où Samantha serait l'expatriée et Jean-Pierre l'homme au foyer ? Ce schéma, encore récemment rarissime, se développe lentement, et ceux qui ouvrent cette voie étroite résistent héroïquement aux regards surpris, voire réprobateurs, de leur entourage.

Épilogue

Pour Carlos et Isabelle, ce moment restera une fenêtre exceptionnelle. Ce sera l'expatriation de leur vie à laquelle ils se référeront souvent, un passage clé de leur identité familiale. Ils ont appris à vivre en vase clos puis renouvelé leur cercle d'amitiés. Leurs valeurs et leur vision du monde ont été remises en perspectives. Ils ont même découvert que, sur les planisphères asiatiques, l'Europe n'est pas au centre du monde ! À l'issue des quatre ans, Carlos s'est vu proposer un poste dans une autre ville asiatique. Ils ont refusé, car cela mettait trop en danger la carrière et l'autonomie d'Isabelle. Il était temps, à leurs yeux, de rentrer et ils ont pu le faire.

S'ils devaient repartir pour une nouvelle expatriation, alors ils joueraient la partie différemment. Isabelle s'interrogerait pour savoir comment reprendre sa carrière en expatriation. Elle serait probablement devenue une « *desperate trailing bee* »…

« *Desperate trailing bees* » : tu es muté, j'adapte ma carrière

Il n'existe pas aujourd'hui de nom pour décrire cette frange croissante de la population expatriée qui cherche, souvent anxieusement (*desperate*), malgré les tribulations de leur statut de conjoint expatrié (*trailing spouse*) à garder une activité (*bee* = abeille). Les voilà baptisés. En français, on pourrait parler des «conjoints nomades à carrière plastique ». Dans ces couples, l'un des deux, homme ou femme, enclenche le projet de mobilité et devient le leader professionnel. L'autre le suit, sans renoncer à sa propre carrière, mais en cherchant à l'adapter.

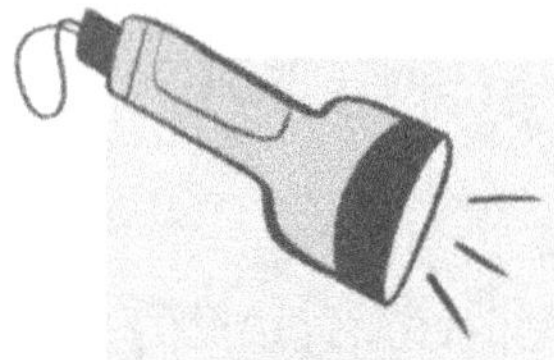

CHIFFRES CLÉS

Genre et parcours professionnels

En expatriation, 70 % des hommes estiment avoir un parcours professionnel linéaire et 60 % des femmes jugent leur carrière « plutôt décousue ».

L'évolution de Philippe et Consuelo, du mirage au courage

Ingénieurs l'un et l'autre, ils travaillaient tous deux dans une tour de La Défense. Ils rêvaient d'horizons plus larges, surtout depuis qu'un petit prince avait atterri chez eux et que pour l'emmener voir sa rose au parc, il fallait l'intoxiquer une demi-heure dans sa poussette. Ils espéraient un second enfant. Consuelo n'était plus très à l'aise dans son poste. Philippe chercha l'expatriation, Consuelo trouverait quelque chose sur place. Avec son expérience et ses diplômes, ce serait facile.

Six mois plus tard, en Floride, Philippe est satisfait. Son poste s'annonce passionnant, il a obtenu un package confortable pour sa famille et un visa de travail pour sa femme. Les États-Unis semblent à peine une expatriation à Consuelo qui parle parfaitement anglais. Dès son arrivée, elle attaque la recherche d'emploi. Las, les entretiens se terminent dès qu'elle montre son visa de conjoint accompagnateur et les deux journées de baby-sitting hebdomadaires qu'elle a décidé de s'offrir permettent de faire les courses, le ménage, mais pas des recherches efficaces.

Au bout d'un an, Consuelo n'est plus la même. Sa confiance en elle s'est effritée. Son fils qui était si facile quand il allait à la crèche est intenable. La vie tourne autour du *playground* (square), des *playgroups* (clubs de jeux pour les tout petits) et du pédiatre. En jean-basket-queue de cheval, lorsqu'elle voit les autres femmes partir au bureau en tailleur-talons-chignon, il lui semble qu'elle ne fait plus partie du club, qu'elle n'en a jamais fait partie.

Les enjeux

Si Consuelo a pu finalement retrouver du travail, c'est grâce à l'aide d'autres expatriés. Avec eux, elle a identifié les murs auxquels elle se heurtait. Une mauvaise organisation d'abord, mais aussi une incompréhension du marché du travail local. L'incertitude qui planait autour de la durée de son séjour américain l'empêchait de se sentir sincère et donc cohérente en entretien. Enfin, elle se permit d'admettre qu'elle n'avait pas envie de reprendre son ancien métier et qu'elle était à la recherche d'un nouveau modèle, plus compatible avec ses enfants. Elle a identifié combien les objectifs qu'elle s'était fixés étaient exigeants. Mère et épouse parfaite, avec une carrière de premier plan, tout en déménageant régulièrement... Rien d'étonnant à être frustrée si l'on s'impose un combat impossible !

Consuelo s'est alors reconvertie dans le *life counseling*, activité typiquement anglo-saxonne d'accompagnement de vie et de carrière. Ayant fait l'expérience de sortir de ses rails, ayant affronté le doute et la solitude, habituée à naviguer d'une culture à l'autre, après une formation, elle est légitime dans son métier.

Autour d'elle, d'autres *trailing bees*, comme Bernard, spécialisé en marketing, se tournent vers des domaines plus exportables comme l'enseignement ou l'artisanat ou permettant le télétravail, comme le conseil ou l'écriture. Pour certains, l'expatriation est l'occasion d'une reconversion qui agit comme une révélation. On ne compte pas les entrepreneurs qui ne se seraient jamais lancés sans cet aiguillon. D'autres luttent avec acharnement pour retrouver un équilibre à chaque installation. Fiona, médecin, a repassé son diplôme de médecin trois fois. *Desperate trailing bee*, reine de la ténacité ! Pour recommencer encore et encore ces efforts herculéens, il faut avoir chevillé au corps l'amour de son métier ! Souvent, ces parcours passent par une traversée du désert, mais chaque expérience, même apparemment infructueuse, est comme une graine qui portera un jour son fruit.

Les hommes rebondissent en règle générale plus rapidement dans ce genre de situation. Ils savent mieux organiser les règles de la famille, semblent croire davantage en leur mission et se dégagent plus de l'intendance familiale.

Les *trailing bees* se vivent comme des actifs. En termes d'employabilité, il est indéniable qu'ils sont mieux armés que ceux qui arrêtent de travailler. En revanche, sur le plan financier, leur situation est fragile. Pour la retraite comme pour les indemnités chômage, les risques sont similaires à ceux des sorcières du chapitre précédent.

Épilogue

Aujourd'hui, Philippe et Consuelo en sont à leur quatrième expatriation. Philippe est toujours le premier apporteur de salaire du couple. Consuelo transporte sa petite entreprise de pays en pays. Elle vogue à voilure réduite pour garder du temps pour ses enfants. Elle est heureuse de ses choix et fière de son parcours. Ses clients la trouvent lucide et créative.

À 50 ans, Philippe se sent fatigué par une carrière passionnante, mais usante. Il est reconnu, bien payé et commence à aborder les questions vraiment stratégiques pour son groupe. Cependant, il voyage encore énormément. Il a perdu beaucoup d'illusions. Certaines des décisions qu'il a prises ne le rendent pas fier, les sacrifices qu'il a faits ont été oubliés et il n'est pas toujours sûr qu'ils aient valu le coup. Il aimerait faire le point. Il peut pour cela s'appuyer sur Consuelo. Si l'entreprise de cette dernière n'a pas toujours été rentable, elle est néanmoins solide. Après quinze ans en mode « *trailing bees* », ne vont-ils pas basculer dans la carrière Tic et Tac, notre prochain modèle ? Ou inverser les rôles ?

Tic et Tac :
deux carrières ambitieuses de front

Pour les Européens, les deux personnages dessinés par les studios Walt Disney font partie d'une espèce quasiment inconnue, les tamias. Nous les qualifions improprement d'écureuils, mais cela manque de précision. Il en est de même de cette catégorie d'expatriés que nous avons appelés les « Tic et Tac ». Ce sont des couples où les carrières des deux conjoints sont ambitieuses et considérées comme également importantes au sein du couple avec plusieurs expériences significatives ensemble à l'étranger. Souvent annoncés, ils se présentent rarement dans nos contrées.

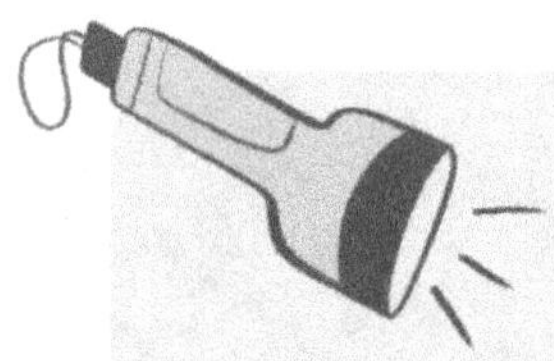

CHIFFRES CLÉS
La parité, dans la différence

Pour 43 % des expatriés hommes, les carrières des deux conjoints sont à égale importance dans leur couple. Cependant, la majorité de leurs conjointes travaillent à temps partiel.

Le parcours d'Anouk et William : monde enchanté ou univers impitoyable ?

Anouk, jeune diplômée ultra ambitieuse, s'est trouvée être la collègue de William, dont la légèreté et la gentillesse l'ont séduite. Il est attentif, désintéressé et brillantissime. Leur affaire prend de l'importance. William démissionne pour qu'ils ne travaillent plus ensemble. Comme il a retrouvé un poste dans le même secteur, ils restent des jumeaux professionnels. Pas de compétition entre eux, mais une saine émulation. Le soir, ils échangent sur leur journée, se conseillent et se coachent mutuellement. Le boulot est une grande part de la vie. Tout cela est un jeu finalement.

Les expatriations, si importantes pour leurs carrières, pourraient poser un problème. Cependant, Tic et Tac sont malins. William refuse un poste à Washington, car il sait qu'Anouk, pour le suivre, a besoin d'être dans une métropole économique, et non politique. Il accepte une mutation à Hong Kong, Anouk s'y fait muter. Retour à la base londonienne pour tous les deux au bout de deux ans. Un jeu d'enfant. Deux ans ont passé, il faut bouger ! Anouk, c'est ton tour. Genève ? C'est parti. William préfère être sûr de trouver ; à son niveau, le marché devient étroit. C'est Lausanne pour lui. Qu'importe, c'est le même pays, on commute ! William part pour New York. Anouk s'apprête à démissionner. Son groupe la récupère, lui trouve un poste. C'est normal, Anouk, tu es un de nos super potentiels et dans ce cas, il y a toujours des solutions ! Ça roule toujours. Quarante ans, on se marie, vive la vie. Et voilà bébé, magnifique !

Trop beau pour être vrai. La veille de son retour de congé de maternité, Anouk apprend qu'elle est licenciée. Pour des raisons géostratégiques qui n'ont évidemment rien à voir avec son mariage et son enfant, on y croit. Game over, la partie est finie ! On peut reprendre à zéro s'il vous plaît ?

Les enjeux

Anouk rebondira, toujours avec William, mais pour eux, fini de jouer. Cet épisode leur a ouvert les yeux. Ce qui leur avait semblé si facile au départ s'est transformé insidieusement en compétition, en lutte, en guerre. L'entonnoir s'est rétréci, les règles du jeu ont changé. Pour certains, tous les coups sont permis. Ce n'est plus Tic et Tac, c'est Dallas. Dégrisée, Anouk est plus lucide. Elle s'aperçoit qu'au-dessus d'elle dans son entreprise, il n'y avait aucune mère de famille. Presque plus de femmes non plus. Et même en approfondissant, très peu d'hommes de plus de 50 ans. Jusqu'où faut-il se battre pour se maintenir dans un monde où lorsque l'on sera considéré comme usé, on sera jeté et remplacé par un autre, plus jeune et plus frais ?

Le chemin de Tic et Tac est étroit. Les aspirants à ce modèle sont nombreux au départ. Puis beaucoup bifurquent vers d'autres voies, passent par la case du célibat géographique ou redeviennent célibataires. Certains, courageux, chanceux, inconscients ou durs à cuire, poursuivent l'ascension. Quand faut-il claironner qu'elle est réussie ?

Si nous avons parlé de pionniers pour les desperate trailig bees, ici, nous sommes en compagnie d'explorateurs. Pourtant, ceux-ci se considèrent comme des gens absolument normaux et peinent à expliquer les raisons de leur succès qu'ils attribuent à la chance.

Leurs conseils ? D'abord choisir avec soin sa destination. Éviter celles où le conjoint n'obtiendra pas de visa de travail et celles où le plafond de verre pour les femmes est trop solide. Se méfier des capitales administratives où l'activité économique est réduite. Se renseigner auprès des organismes compétents (CCI, conseillers du commerce extérieur, ouvrages ou sites spécialisés à jour !) puis recouper les informations.

Ils recommandent d'articuler les expatriations en fonction des période de vie. Au départ, des « raids » courts à l'étranger peuvent être envisageables, l'offre de travail est large. Les coups de poker sont souvent gagnants. En milieu de carrière, l'un des parents est parfois heureux de camoufler un congé parental derrière une expatriation où il aura une activité professionnelle réduite tout en s'enrichissant d'une expérience à l'étranger. À l'apogée d'une carrière, les mouvements sont plus longs : les postes de direction durent davantage, la probabilité de trouver deux postes dans un même lieu est rare. Prudence donc, et longueur de temps.

Pas de miracle enfin ; sans fausse modestie, ils confient que leur carrière aurait été plus brillante encore s'ils n'avaient pas pris celle de l'autre en compte. Beaucoup de talent, un peu de stratégie, un grain de chance et des choix très clairs. Un cocktail rare !

Épilogue

Aujourd'hui, William et Anouk sont revenus au bercail. Il est devenu le patron d'une belle entreprise et ne cherche plus à changer, même si on le lui propose souvent. Ce n'est pas par fatigue ou par peur qu'il refuse ; après des années de changements frénétiques, il a trouvé son sillon et le laboure. Quant à Anouk, elle s'est enfin autorisée à chercher ce qu'elle voulait faire, ce qui lui permettrait d'être en cohérence avec ses valeurs. Elle s'est lancée dans une carrière politique. Ce n'est pas plus facile à concilier avec sa vie familiale et côté ambiance, ce n'est pas plus doux que dans son entreprise, mais elle est forte pour vivre ses choix au quotidien, car elle se sent à sa place. William et Anouk vivent tous deux avec lucidité dans leur « univers impitoyable ». Leur couple n'est plus tant un lieu de stimulation réciproque qu'une oasis pour se ressourcer.

Ulysse et Pénélope : le célibat géographique

L'odyssée est d'actualité ; les cas de couples séparés géographiquement pour des raisons professionnelles se multiplient. En effet, dans cette équation compliquée dans laquelle se lance un nombre croissant de couples entre famille, carrières et international, si le compromis est impossible sur les deux derniers termes, alors, c'est la communauté de résidence qui cède, le couple vit provisoirement séparé. C'est ce qui est communément appelé le « célibat géographique ».

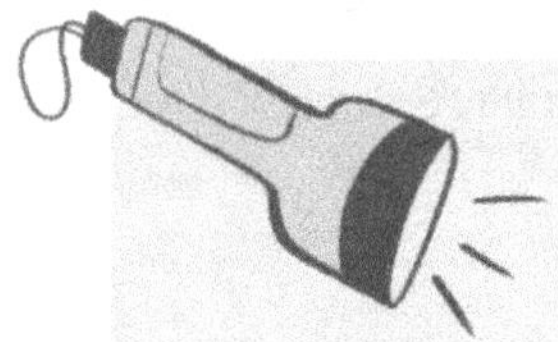

CHIFFRES CLÉS
Une pratique courante

72 % des responsables mobilité déclarent envoyer des expatriés sans leur famille. Dans 62 % des cas, cette situation a été choisie par les couples. Dans les autres cas, le célibat géographique est imposé par l'entreprise[1].

Ces séparations naissent généralement du constat que l'expatriation ne serait pas favorable à la famille pour des raisons de sécurité ou pour des raisons familiales, au premier rang desquelles la carrière du conjoint puis la scolarité des enfants.

L'odyssée d'Alexis et Eva : l'amour à distance

Eva et Alexis se rencontrent et se plaisent. C'est du sérieux, c'est pour la vie ! Ils ne se quitteront jamais, croix de bois, croix de fer ! Si l'on s'aime, c'est pour vivre

---

1. In Mérignac Oliver et Roger Alain, *Les dangers de l'expatriation en célibat géographique*, Tunis, 2004.

ensemble, pour toujours ! Quelques années plus tard, nos héros sont toujours amoureux l'un de l'autre, mais Eva habite à Rome et Alexis vit à Istanbul.

Après avoir souvent déménagé en famille, ils ont décidé de se poser à Rome, la *grande bellezza*. Eva rêve d'enracinement. Elle veut faire passer sa carrière d'une phase nomade-adaptation à une phase sédentaire-développement. Il est temps de donner de la stabilité à leurs enfants adolescents qui sont en manque de repères et d'amitiés durables. L'épilogue semblait parfait. Après vingt ans d'errance, s'ancrer dans la Ville éternelle ! Les voilà au Paradis.

Hélas, on n'échappe pas ainsi au monde de l'expatriation. Alexis est « Monsieur Mission Impossible ». Au bout de six mois, son patron lui demande donc de partir à Moscou pour gérer une situation délicate. Refus. Étonnement du patron. Alors, ce sera Johannesburg pour un an. Nouveau refus. Rappel courtois, Alexis, on ne fait pas que ce qu'on veut dans une entreprise… ce sera Istanbul – ou la porte cette fois-ci. Avec trois enfants scolarisés dans des écoles internationales, une femme aux revenus très faibles, Alexis ne prend pas le risque. Le voilà à Istanbul pour deux ans. Sans la famille, car ce serait pour eux le déménagement de trop. C'est une promotion au goût amer de frustration et de colère.

Les enjeux

Ces situations ne répondent pas à l'idée que l'on se fait généralement d'une vie de couple harmonieuse et posent une question fondamentale : que reste-t-il du couple lorsqu'on habite (très) loin l'un de l'autre ?

Le Code civil français dispose en son article 215. « Les époux s'obligent mutuellement à une communauté de vie. » La jurisprudence précise cependant qu'il peut y avoir communauté de vie alors même que l'un des époux a dû déménager pour des raisons professionnelles, car elle se définit avant tout par « une certaine communauté intellectuelle, une volonté de vivre à deux, une affection et un amour réciproques ».

Cependant, les parcours de célibat géographique comportent de nombreux écueils. Le premier est la difficulté de combler les décalages qui s'installent peu à peu entre celui qui est loin et sa famille. Compliqué, le statut d'intermittent familial ! Tentant d'accomplir au mieux ses tâches professionnelles et de compenser ses absences domestiques, Alexis a un tendon d'Achille : le burn-out. L'amertume aussi n'est jamais loin et empoisonne rapidement les discussions. Enfin, quand la solitude et les malentendus enflent, le chant des sirènes se laisse entendre. Inutile de jouer au héros, il est urgent de se boucher les oreilles !

Peu à peu, Alexis et Eva ont apprivoisé ces risques et trouvé des routines qui les aident à vivre au mieux cette période. Pour vaincre les décalages, ils ont appris à aménager des sas et à créer des routines. Fini les discussions qui dégénèrent dès qu'Alexis franchit la porte. Désormais, son arrivée s'accompagne d'un apéritif rituel d'où les sujets sérieux sont bannis. Eva a accepté qu'Alexis en revenant avait plus envie de famille que de vie sociale et elle a renoncé à compenser toutes les soirées manquées en son absence. Simples mortels, ils ont admis qu'ils n'étaient pas tout-puissants, qu'ils devaient ralentir le rythme et que leur exercice d'équilibrisme se traduirait par des dépenses plus lourdes en aide à la maison. Enfin, ils ont découvert l'antidote au poison de l'amertume : la communication. Nous en reparlerons !

Dans l'*Odyssée*, Ulysse est rentré *in extremis* pour sauver Pénélope de ses prétendants. Comment éviter de se retrouver trop tard ? Comment définir des dates butées au-delà desquelles la situation ne doit plus durer et l'équilibre doit être repensé, en renonçant s'il le faut à un poste, un projet ou une entreprise ? La métaphore de la grenouille montre que si on plonge un animal dans une eau froide chauffée progressivement, il ne perçoit le changement que trop tard, lorsqu'il est engourdi par la chaleur et meurt ébouillanté. S'il est plongé directement dans l'eau très chaude, il saute aussitôt à l'extérieur de la casserole. L'idée est donc d'éviter de se laisser engourdir à petit feu.

Épilogue

C'est son fils qui permit à Alexis de se montrer plus rusé que la grenouille. Alors qu'en revenant de trois semaines d'absence, le père s'irritait de voir un ordinateur dans la chambre de l'adolescent, celui-ci lui répondit vertement qu'il avait 16 ans et appela sa mère à la rescousse. Le ton enfla et Alexis comprit que sa légitimité chez lui fondait comme neige au soleil. Il se rendit compte aussi que l'accord annoncé comme provisoire par son entreprise était sans cesse repoussé et risquait de se prolonger encore. Le lundi suivant, il posa un ultimatum pour exiger son retour. Ce fin politique avait analysé ses marges de manœuvre. Eva ayant retrouvé un poste plus rémunérateur, le risque de démission n'était donc plus démesuré. L'entreprise refusa ce chantage. Dans la partie, notre héros perdit son poste, mais protégea ce qui selon lui était irremplaçable, sa famille.

La petite maison dans la prairie : les migrants pionniers

Vous connaissez certainement ces pionniers américains du XIXe siècle. Ils arrivèrent avec leurs chariots, bâtirent des maisons, apprivoisèrent leur environnement et leurs voisins. Ils prirent racine et leurs aventures télévisées firent le tour du monde.

Nos pionniers sont des émigrés. Ils ne sont pas partis chassés par la misère, mais attirés par la volonté de réussir mieux encore leur carrière et leur vie. Leur pays d'accueil les appelle des immigrés, alors même qu'ils sont parfois – mais pas toujours – plus riches que la classe moyenne du pays où ils arrivent. Ils sont souvent entrepreneurs. Dans tous les cas, ils sont partis par eux-mêmes.

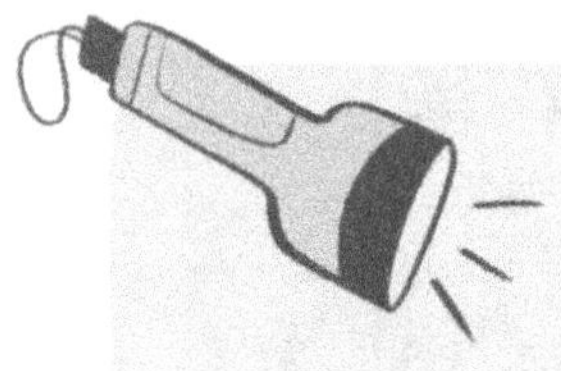

CHIFFRES CLÉS

Des migrants devenus majoritaires[1]

19 % des Français actifs à l'étranger sont envoyés par leur entreprise. 50 % sont employés localement, 18 % sont commerçants ou créateurs d'entreprise et 10 % profession libérale.

Charles et Caroline, les nouveaux pionniers

Imaginons que la famille Ingalls a essaimé. Invitons-nous chez leurs lointains cousins dans leur petit appartement de Hong Kong. Ce soir, Charles et Caroline Ingalls ont invité des amis à dîner pour accueillir Adam et Marie, 30 ans, qui arrivent de Liège. Adam peine à trouver des postes stables en Europe. La création

---

1. In étude MFE.

d'entreprise de Marie patine. Visa de tourisme à l'appui, ils s'apprêtent à prospecter systématiquement les multinationales implantées ici. Ils seront de toutes les réunions des différentes chambres de commerce, de tous les événements européens à Hong Kong. Si, d'ici trois mois, l'un d'eux identifie une piste sérieuse, ils lanceront la procédure de visa de travail.

Charles et Caroline sont admiratifs de ces jeunes aventureux. Ils ont fait le même chemin dix ans plus tôt, mais Charles avait trouvé un emploi avant de partir dans un hôtel d'une chaîne française. Leur rêve était de découvrir l'Asie et d'aller là où, d'après eux, se jouait le futur. Caroline avait rapidement trouvé un poste en RH dans une banque. Aujourd'hui, ils ont tous deux changé trois fois de job, comme tout le monde ici, et leurs conditions de vie se sont bien améliorées. L'échéance du retour est encore floue. Probablement un jour, pour les enfants. Pour l'instant, ils songent à partir pour Singapour, où la vie leur paraît plus simple et les universités de meilleur niveau.

Enjeux

Ce soir, leur but est d'accueillir ces nouveaux venus pour faciliter leur intégration. Ils ne les connaissaient pas avant ce soir, mais Adam est le cousin d'un ami de Caroline. À l'autre bout du monde, le lien le plus faible est un sésame. Le cousin d'un ami à Hong Kong est comme un cousin germain à Nantes ! Caroline, Charles et leurs amis s'évertuent à leur donner des conseils ; les pionniers sont solidaires.

Caroline et Charles occupent un bel appartement dans un condominium avec piscine et jardin. Au départ, ils vivaient dans un minuscule studio excentré et se sentaient décalés par rapport aux expatriés regroupés dans des quartiers plus agréables. Le décalage de niveau de vie était tel qu'il était difficile de se voir ; les restaurants proposés par les expats leur semblaient inaccessibles, de nombreuses informations passaient par le lycée français alors que les petits Ingalls fréquentaient l'école publique. Sans les juger, Caroline et Charles trouvaient les expats peu réceptifs à leurs demandes de coup de main. La plupart ne restaient que deux ou trois ans. Leurs routes divergèrent.

Pendant la soirée, chacun fait un effort pour informer les nouveaux. Ils expliquent les règles administratives, la meilleure façon de jongler avec les visas, d'obtenir une couverture sociale à un prix correct, les avantages et inconvénients du système scolaire local et les meilleures façons d'aller passer des vacances agréables dans des îles. Comme ils ont tout géré en direct, ils connaissent bien le pays.

Nos convives n'ont pas manqué de critiquer la ville et ses habitants, soulignant la pollution, les embouteillages et le coût de la vie. En bons Français, ils se sont lamentés sur la qualité de la nourriture locale. Cependant, Adam et Marie les ont trouvés moins négatifs que les expatriés qu'ils avaient rencontrés. Les pionniers sont venus de leur propre chef, ils ne peuvent se plaindre contre personne de leurs difficultés. Râler reviendrait à remettre en question leurs choix de vie.

Chacun se présente dans la petite assemblée. Certains sont venus pour monter leur entreprise, d'autres pour trouver du travail. Plusieurs sont arrivés comme expatriés et ont choisi de rester à leur propre compte. Ils se sentent acteurs de leur vie. Ils ont cherché à identifier leurs rêves personnels et leurs aspirations professionnelles. Ils ont fait le point pour savoir où ils se trouvaient, ce qui était important pour eux, les marges de liberté dont ils disposaient et ils ont agi en fonction du plan qui en découlait. Leur point commun est leur capacité à prendre leur destin en main.

Épilogue

Les nouveaux venus expriment leur admiration devant ces pionniers qui ont su s'arracher à leur pays pour chercher fortune avec intelligence et opiniâtreté. Charles nuance leur enthousiasme. « Tout n'est pas si facile ! Nous sommes partagés entre notre éducation française qui nous a dessinés et l'Asie qui nous transforme. Cela fait longtemps que nous avons arrêté de faire semblant de devenir des locaux ; c'est impossible. Nous ne sommes plus non plus des Français de France. Je tâtonne pour dessiner un mode vie hybride en fonction de ce qui me convient. Ma loyauté va surtout vers mon pays d'origine, mais je ne sais pas si je serais capable d'y revenir. C'est encore plus vrai pour mes enfants. Eux comme moi portons en nous cette frontière entre l'Asie et la France. C'est notre identité d'émigrés. C'est plutôt beau, non ? »

C'est sur ces considérations que s'achève notre tour du monde des modes de conjugaison entre couple, carrières et international. Place pour quelque temps à la lenteur et à l'analyse.

PRO PRO PERSO
INTERNATIONAL
PRO PERSO
ATIONAL
PERSO PERSO
PRO
INTERNATIONAL
INTERN
PRO PERSO

LES 3 DÉFIS ÉLÉMENTAIRES DES HÉROS ORDINAIRES :
AIMER, TRAVAILLER ET PARTIR

« Je veux tout ! Carrière, couple et international, c'est élémentaire aujourd'hui de concilier tout cela », s'exclamait une jeune femme quelques jours après son diplôme. Arrêtons-nous un instant et examinons individuellement ces trois dimensions sur lesquels repose votre expatriation en couple. Répondent-elles à une norme universelle et intemporelle ? Quels défis se cachent derrière ces enjeux ? Faut-il entendre « élémentaire » au sens de « fondamental », de « minimum indispensable », ou de « qui ne présente aucune difficulté » ?

Voilà des enjeux rarement posés qui surprendront les plus jeunes et remueront sans doute les questionnements de ceux qui ont déjà plus de bouteille. Ce sont les grands défis muets de notre époque que le départ en expatriation vient réveiller.

Cette partie vous permettra d'approfondir les défis qui constituent le socle de votre projet, d'évaluer vos priorités et vos désaccords avec votre conjoint puis d'en discuter tous les deux au cours d'un savoureux dîner aux chandelles.

Au début, il vous semblera sans doute faire un détour, mais il vous permettra finalement de gagner du temps.

Défi 1 –
Vivre en couple et vous aimer pour la vie

Ce chapitre sur le couple a eu longtemps tendance à retourner en bas de la pile. Si nous partons à bride abattue sur les dilemmes des actifs pris entre leur désir de réussir leurs carrières respectives et leur envie d'international, sans prendre comme base de départ le couple et l'amour, nous passerons à côté du sujet. Pourtant, comment l'aborder sans poncif et avec simplicité ?

Octobre 2014. Un coup de tonnerre balaie mes tergiversations. Christophe de Margerie, le patron du groupe Total, est mort à Moscou lorsque son avion a percuté une déneigeuse. Je l'avais vu longuement un mois auparavant pour préparer cet ouvrage. Malgré son emploi du temps surchargé, il avait accepté de me recevoir, car ce sujet lui tenait à cœur. À bâtons rompus, nous avions ouvert des pistes tous azimuts. Que faire de ces perspectives ?

M. de Margerie m'avait confié que c'était pour son épouse qu'il avait refusé de partir en expatriation, quitte à prendre le risque de brider une carrière prometteuse. Pour lui, l'amour constituait le socle sur lequel construire tout le reste : famille, carrière, expatriation, même si son travail accaparait le plus gros de son temps. Alors, mes hésitations se sont envolées, il faut bien commencer ce livre en réfléchissant sur le couple. Ce chapitre est dédié à Christophe de Margerie et à tous les couples dont l'amour m'a marqué.

Une jeune femme, rayonnante d'enthousiasme, me confia un jour : « Si on se marie, c'est pour s'aimer pour toute la vie, c'est juste naturel ! » « Naturel » ! Le mot m'avait marquée, car au bout de dix ans de mariage, ce n'est pas le terme que j'aurais employé. J'aurais plutôt dit beau, motivant, ambitieux… mais naturel ? Qu'en pensez-vous ?

Histoire brève de l'amour et du couple

Soyons méthodiques et commençons par remettre le sujet dans sa perspective historique. Vous froncez les sourcils ? Nous allons parler d'expatriation, de déracinement, de remise en question. Avant d'être secoué, il est utile de savoir avec quel bagage vous partez. Vous allez être confrontés à d'autres représentations du couple, du travail et du monde alors, assurons d'abord vos bases.

Jeanne et Matthieu, le couple d'Ancien Régime

Imaginons la vie d'un couple de paysans, Matthieu et Jeanne, nés vers 1715.

Il y a trois cents ans, le critère de choix du conjoint était davantage les bénéfices pour la famille élargie que les sentiments des époux.

Quand elle était enfant, Jeanne avait été promise au frère aîné de Matthieu parce que les terres de leurs parents étaient proches. Cet aîné étant mort, c'est Matthieu qui l'a remplacé. Qu'en pensaient nos deux héros ? Que les choses étaient ainsi puisque c'est ce que répétaient en chœur les parents, le village et monsieur le curé. Attention, ne nous méprenons pas, officiellement, le mariage n'était pas forcé puisque l'Église, depuis longtemps, exigeait le consentement libre et éclairé des époux. Cependant, la société contournait cet impératif ; Jeanne savait bien que si elle refusait Matthieu, elle finirait au couvent, ou pire encore dans sa représentation, célibataire. Quant à Matthieu, son père aurait pu le priver d'héritage pour le contraindre.

> **CHIFFRES CLÉS**
>
> ### Le mariage en 1715
>
> Âge moyen : 26 ans.
>
> Taux de divorce et de séparation : quasi nul.
>
> Durée moyenne du mariage : 10 ans en raison de la mortalité, d'où la figure courante de la veuve et de la marâtre.

Avaient-ils pu connaître l'amour auparavant ? Matthieu avait rencontré quelques filles, mais leur rôle était plutôt… fonctionnel. Jeanne a senti son cœur battre aussi pour un joli pastoureau, mais attention, pour elle, il est important d'arriver vierge au mariage. Une fois mariés, ma foi, la question de nos époux n'était pas tant de s'aimer que de faire leur devoir : travailler à la ferme, soigner les enfants, les vieux et les bêtes. À la ferme, on ne parlait pas souvent de soi-même. En tout cas, jamais d'amour ! Cependant, quand Jeanne est morte en donnant naissance à leur troisième fils, Matthieu en a été sincèrement triste, car elle était une bien bonne compagne.

Du mariage d'amour au divorce

Le mariage d'amour a été longtemps une chimère pour les jeunes gens, même s'il était un leitmotiv pour les poètes. L'évolution sera progressive sans être marquée par un texte de loi déterminant puisque officiellement le consentement des époux majeurs a toujours été libre.

Célébré notamment par Rousseau en France ou par les romancières en Angleterre, l'espoir d'un mariage d'amour reste longtemps controversé. Ce rêve se réalisera davantage avec l'exode rural, lorsque les jeunes iront travailler en ville loin de leur village et s'affranchiront des alliances arrangées.

Après les années 1950, il n'y a plus d'ambiguïté : les époux se choisissent.

Le changement est plus profond qu'un simple passage du mariage de raison au mariage d'amour. Il apparaît aujourd'hui que le corollaire logique du mariage d'amour est le divorce. Les premiers chantres du mariage d'amour ne l'avaient pas du tout vu ainsi. Pour eux, si on se mariait par amour, alors le mariage serait forcément un succès.

Il s'avère malheureusement qu'Amour est volage. Le premier sentiment est souvent de l'ordre de la passion puis si la seule nature suit son cours, la passion tiédit, voire s'éteint. Surtout lorsqu'il s'avère que le coup de foudre n'était qu'un aveuglement passager, une auto-illusion. Dom Juan a épousé la jolie Elvire grâce à son barbier, Figaro. Des années après, ils le regrettent tous.

La suite est logique : si l'on se marie par amour, cela signifie que le sentiment n'est pas seulement une condition pour se choisir, mais aussi pour vivre ensemble au quotidien !

POUR LA ROUTE

Si un jour par malheur l'amour entre vous s'éteignait, quelles seraient vos raisons pour rester ensemble ?

Suivant le courant profond qui depuis les Lumières met l'accent sur l'individu plutôt que sur la société, le divorce va se libéraliser dans toutes les sociétés occidentales. En France, la loi de 1975 autorise à nouveau le divorce par consentement mutuel qui avait été instauré pendant la Révolution puis supprimé par la Restauration. Voilà une conclusion que Rousseau n'avait pas forcément prévue.

Peu à peu, le sentiment amoureux est devenu le fondement essentiel du couple. Il relève d'une affaire privée qui n'a plus besoin d'être officielle pour être vécue. La vie en couple peut donc être dissociée du mariage. Pour ceux qui ont besoin d'engagement et d'un cadre administratif, le mariage devient une possibilité, parmi d'autres. Voilà qui semblerait ahurissant pour Jeanne et Matthieu !

Le couple : une aspiration centrale, mais fragile

Aujourd'hui, le rejet du mariage de raison est donc largement partagé, tout comme le refus de s'enfermer dans un couple dans lequel il n'y aurait plus d'amour.

Or cet objet de désir et de rêve évolue.

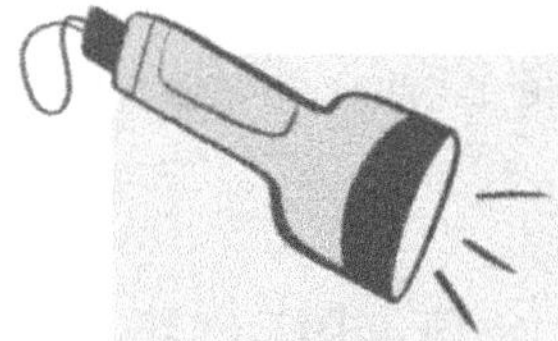

CHIFFRES CLÉS
Les Français et le couple

71 % pensent qu'ils vivront toute leur vie avec la même personne et estiment que vivre en couple est une condition essentielle du bonheur. En 2011, plus de 70 % des hommes et des femmes de 40 ans vivaient en couple[1].

Les unions changent de nature

Quasi limité au mariage ou à une cohabitation plus ou moins secrète jusque dans les années 1960, le couple prend aujourd'hui diverses formes officielles avec le développement du pacs et du concubinage. Depuis 2014, les couples homosexuels, qui avaient déjà accès au pacs, ont aussi vu s'ouvrir les portes du mariage. Enfin, les remariages et les nouvelles unions instituent de nouvelles galaxies familiales dont les membres inventent du mieux qu'ils peuvent leurs rôles inédits d'ex et de nouveau conjoint, de beau-parent et demi-sœur, d'ex-belle-mère et fils de l'ancienne compagne du père, de semaines de garde et de week-ends sans enfants.

Les unions sont devenues plus précaires. Les plus durables sont toujours les mariages, les premiers plus que les remariages. Cependant leur nombre diminue rapidement. Les pacs stagnent après une hausse rapide, de même que l'union libre. Le taux de divorce s'établit à des niveaux élevés, supérieurs à 4 divorces pour 10 mariages.

Dans ces conditions, le divorce n'est plus vécu comme une honte sociale, mais comme un échec personnel.

---

1. Sondage de *Psychologies Magazine* de novembre 2009 et Insee.

Vers le mariage d'amour durable ?

On assiste aujourd'hui à un paradoxe entre une forte attente vis-à-vis du couple vu comme une condition du bonheur et une réelle fragilité du couple dans la durée.

L'histoire de Rosa et Fernand le reflète bien. Célibataires depuis longtemps l'un et l'autre, ils se désespéraient de cet état. Ils se connurent grâce à un site de rencontres et pensèrent tous deux que le bonheur les avait enfin rejoints. Mariés assez tard, ils se hâtèrent de réaliser leur rêve d'avoir trois enfants. Trois garçons, toniques et sonores, sont nés en trois ans. Rosa, à 40 ans, épuisée par ces grossesses rapprochées, prenait moins soin d'elle et de son couple. Trois ans plus tard, Fernand s'est envolé avec une jeune femme, plus pimpante et disponible. Rosa, elle, a plongé dans une dépression profonde. Comme elle le confiait à une amie avec sa voix rauque : « Notre époque est quand même bizarre. On parle d'amour partout, tout le temps, mais quand un homme plaque sa femme avec trois petits, tout le monde trouve ça normal. Il ne m'aimait plus, il paraît que le divorce, c'est fait pour ça. Eh bien moi, je me demande si le couple, ce n'est que ça. »

TANTE SOPHIE

Voilà un moment que je vous écoute et je brûle d'intervenir. Me le permettez-vous ?

Nous vous l'avons présentée dans l'introduction. L'impétueuse et affectueuse Tante Sophie est une figure centrale de ce livre. Parle, tante Sophie, personne ne peut t'en empêcher !

Bonjour, amis lecteurs. L'évolution vers l'amour comme fondement du couple va dans le sens d'une plus grande liberté et d'une place plus large offerte à l'épanouissement de chacun. Je m'en émerveille souvent. Je pense néanmoins que l'évolution n'est pas aboutie. Notre but commun est le bonheur, n'est-ce pas ? Or, à notre époque, nous considérons surtout une sorte d'amour : l'amour sentiment, passionnel. Savoir mieux gérer la transition vers l'amour-attachement, l'amour-engagement est un chemin de bonheur. Il y a un ajustement à trouver pour conjuguer liberté et durée. L'abandon et la solitude font trop de ravages. J'observe chez les jeunes une aspiration forte pour un modèle plus doux.

Et si tante Sophie avait raison d'être optimiste et qu'après le mariage de raison, puis le mariage d'amour, arrivait le temps du mariage d'amour engagé !

Cela vous semble utopiste ? Pourtant, depuis 2005, le nombre de divorces baisse. Le taux de couples divorcés au bout de sept ans de mariage qui avait augmenté depuis 1960 jusqu'à atteindre 16 % en 2002 est passé à 14 % en 2007 et cette tendance est valable pour tous les jeunes couples mariés[1]. Se marier n'est plus une évidence, mais devient un choix plus mûr.

PAROLE DE PSY

LA DANSE DU COUPLE, L'AJUSTEMENT PERMANENT

Un couple qui fonctionne bien, ou plus justement pas trop mal, est en permanence en train de s'ajuster aux évolutions des deux partenaires : il traverse des mini-crises régulièrement, puis se recompose, avançant au rythme d'une danse sans fin...

À la base de la constitution du couple, il y a une forte attirance et une idéalisation qui sont peu à peu attaquées. Après une période de découverte extatique et d'entente harmonieuse parfois fusionnelle, une certaine déception est ressentie, puis de l'agressivité, suivie par un renoncement à l'image idéale de l'autre et enfin l'acceptation. Le conjoint n'est plus perçu comme un objet d'amour totalement comblant, mais comme un être évoluant, objet de sentiments ambivalents.

Adélaïde Russell, psychologue et life coach

1. Source : Insee 2014 . Proportion d'unions déjà rompues suivant la durée et l'année de mariage.

Dessine-moi des couples qui s'aiment

L'amour est le cœur de notre projet de « couple, carrières et international ». Dans quelques pages, ce sera à vous de réfléchir à vos aspirations pour votre couple et ce ne sera pas un exercice facile.

Pour vous inspirer, voici trois portraits de couples qui témoignent sur ce qu'est, pour eux, un amour durable. Trois exemples parmi une myriade d'autres.

Guillaume et Lou, camarades et amants

Commençons par les plus jeunes. C'est sans doute leurs histoires familiales douloureuses qui les ont rapprochés. Le divorce de ses parents a été un déchirement sans fin qui a écartelé l'enfant sensible qu'était Guillaume. Il est demeuré un garçon gentil et doux, mais concernant l'amour, il reste sur ses gardes. Quant à Lou, elle a veillé depuis ses dix ans sur sa mère qui a peu à peu fait naufrage dans l'alcool tandis que son père, désemparé, prenait ses distances. Pour tous, Lou est forte et gaie, presque impressionnante. Rares sont les témoins de ses moments de découragement. Guillaume et Lou se sont rencontrés dès le lycée. Ils sont à la fois consolation et espoir l'un pour l'autre. Rêver à leur futur leur est très difficile. Pourraient-ils réussir mieux que leurs propres parents ? Par une douce soirée d'été en terrasse, des cousins les ont interrogés sur leurs projets futurs. Sous leurs questions pressantes, ils ont exprimé leur sentiment d'être incapables d'imiter les couples qu'ils admiraient. Une cousine s'est alors exclamée : « Mais arrêtez donc de chercher ailleurs des modèles. Votre couple est magnifique. Vous vivez l'un par l'autre et l'un pour l'autre. Cessez donc de "psychoter". Je rêverais de vivre une histoire aussi belle avec mon copain ! » Cette saillie a fait rire Guillaume et Lou qui ne se reconnaissaient pas dans ce portrait magnifié. Cependant, depuis, en s'appuyant sur le meilleur de ce qu'ils vivaient, voici leur définition de l'amour : deux personnes qui s'épaulent, avec leurs fragilités, pour rendre le chemin de l'autre plus beau et que leur joie éclaire la vie compliquée de leurs proches.

Casimir et Delphine, mûrir ensemble

L'histoire de leurs cousins, Casimir et Delphine, commença comme un roman à l'eau de rose. Le jour de leur mariage, les vieilles dames du village avaient une larme au coin de l'œil. « Mais qu'ils sont beaux tous les deux, et charmants, et intelligents ! On dirait un mariage de people ! » Nos mariés, journalistes ambitieux, dévorant la vie, conscients de leur ascendant sur leurs amis, n'étaient pas loin de le penser eux-mêmes, persuadés que le sort leur serait à jamais aussi favorable. Cinq ans plus tard, Delphine est toujours aussi jolie, elle est également maman de deux petites filles et lutte pour boucler les fins de mois. Casimir ne veut pas renoncer à ses reportages dans le monde entier qui le passionnent, mais sont peu rémunérateurs. Lorsque Delphine se rend compte qu'il a en plus des liaisons pendant ses voyages, alors elle explose et demande le divorce. Elle ne se laisse adoucir par Casimir effondré qu'à la condition qu'ils voient ensemble un conseiller conjugal pour comprendre comment ils ont pu en arriver là. Aujourd'hui, leur charme fait toujours l'envie de leurs amis, mais il n'y a plus dans leurs yeux l'arrogance de la certitude.

Ce qui les unit est une complicité joyeuse et humble, l'assurance que la vie leur réservera encore des épreuves, mais que, comme le roseau, ils savent plier, pardonner et repartir ensemble. Une sincérité sur leurs faiblesses respectives qui, à leur grande surprise, est devenue un trésor. Ce n'est plus tous les jours la passion du début, mais un amour fait d'amitié lucide et bienveillante.

Jacqueline et André, la routine accomplie

Ce sont deux vieillards chenus aux sourires malicieux. Lorsqu'ils se sont connus, il y a très longtemps, Jacqueline était une jeune fille aux larges boucles brunes très fière de son récent baccalauréat. André vendait déjà des voitures et rêvait de devenir concessionnaire. Vue de l'extérieur, leur vie paraît banale : cinq enfants, partis sous d'autres cieux, qui repassent quand ils peuvent, la concession qui a grossi, a fait faillite, est repartie et puis a été vendue, toujours dans la même petite ville. Leur lit seul pourrait raconter les printemps et les hivers, les orages et les pardons qui ont fait le quotidien de ce couple discret. Insensiblement, leurs identités se sont tricotées, chacun ne sachant plus s'il connaît mieux l'autre ou bien lui-même, devenant le gardien de la mémoire et de l'existence de l'autre. Ceux qui les rencontrent sont touchés par l'attention qu'ils ont l'un pour l'autre et par leur complicité permanente. Leur routine est joyeuse, curieuse des autres et généreuse.

Leurs petits-enfants sont attendris par cet amour tenace. Les plus jeunes le trouvent naturel. Les plus grands commencent à percevoir le long chemin parcouru et s'interrogent sur les compromis ou les efforts qui ont permis cette harmonie qu'ils envient. Et vous, qu'en pensez-vous ?

POUR LA ROUTE

Passer de l'amour-passion à l'amour durable, est-ce pour vous un tue-l'amour ? Où en êtes-vous dans cette évolution entre passion et engagement ?

Nous voilà partis bien loin de votre expatriation, égarés dans un salon feutré de province. Reprenons le fil de votre projet.

Défi 2 – Travailler tous les deux

Voici le deuxième volet de notre triptyque. Si vivre en couple pour s'aimer est une aspiration naturelle et un bel idéal à suivre, dans l'esprit de beaucoup de couples, et peut-être le vôtre, travailler tous les deux est plus que naturel, c'est une évidence. Or, réfléchissons sans tabous. Si vous vous posez la question d'une expatriation, c'est que vous raisonnez déjà hors du cercle. Pourquoi est-il évident que les deux conjoints travaillent dans un couple ? En a-t-il toujours été ainsi ? Est-ce vraiment évident, dans tous les sens du terme ?

L'évolution du travail des hommes

Sur ce thème encore, il est important de se retourner et de se souvenir d'où nous venons pour prendre conscience de l'accélération de l'histoire et de la nouveauté de nos modèles.

En 1750 Matthieu laboure la terre comme son père avant lui

Pour cela, comparons la situation de Matthieu, notre paysan du XVIIIᵉ siècle avec la vôtre. Dans son imaginaire, le travail est une malédiction ; c'est la punition d'Adam pour avoir croqué la pomme. Les malédictions, ça ne se discute pas. La bénédiction, c'est le dimanche, où l'on se repose. Matthieu n'a pas choisi son état. Il est paysan, fils de paysan, père de paysan certainement. Il n'a pas choisi non plus le lieu où il vit : c'est le séjour de ses aïeux. Son monde se limite aux frontières de sa paroisse. Il n'emploie pas le mot « travail », réservé aux femmes qui mettent leurs enfants au monde. Lui, il fait sa besogne, aux champs, avec les bêtes ou dans sa chaumière. Il œuvre avec ses mains et son activité est répétitive. Matthieu fait « comme on a toujours fait ». D'après lui, il en sera toujours ainsi.

En 1970, Michel fait carrière

Pourtant, c'est bien autrement que vit son descendant Michel. Après son service militaire, il a été embauché comme commis dans la banque où va se dérouler toute sa carrière, d'augmentation en promotion, jusqu'à finir promu sous-directeur d'agence. À 18 heures, il plie sa veste, remet son blouson et rentre à la maison avec sa Renault pour rejoindre Monique, son épouse et leurs deux enfants. La journée de travail est terminée, son autre vie commence. Sa hantise était le chômage qui l'aurait confronté à un extérieur totalement inconnu, mais par chance, cela lui a été épargné. Après quarante-deux ans dans la même maison, il prendra une retraite bien méritée et recevra la médaille du travail. Pour lui, une carrière est une évolution linéaire au service d'une entreprise et il est bien dommage qu'il n'en soit plus souvent ainsi et que la vie des enfants soit si compliquée.

En 2015, Thomas bosse dans un incubateur

Difficile en effet de trouver le moindre point commun avec la vie de son fils, Thomas. Après un BTS de commerce international, celui-ci est parti pendant deux ans comme volontaire dans une association d'aide aux réfugiés en Asie. Son travail, bénévole, consistait à aider des Philippins à développer une entreprise de saisie informatique. À son retour, il a pris en charge la branche européenne de cette association en tant que salarié. Il travaille dans un hôtel d'entreprises avec des dizaines d'autres jeunes. Il lui faut compter avec le décalage horaire important qui le sépare de ses collègues aux Philippines et il reprend fréquemment son ordinateur à 6 heures du matin, en pyjama et sweatshirt. Il est autonome, travaille beaucoup, mais n'hésite pas à chatter pendant une heure avec des amis ou à remplir son frigidaire sans lever le nez de son écran. Quand il va rencontrer des clients dans leur tour de la City, il se demande comment il pourrait survivre dans cet univers formaté et hiérarchique.

La notion même de travail a évolué radicalement avec la liberté de choisir sa carrière ou son employeur, la fin de l'emploi à vie et l'obsolescence rapide des compétences. Cette mutation s'accélère encore aujourd'hui.

POUR LA ROUTE

De quel modèle vous sentez-vous le plus proche l'un et l'autre ? Matthieu, Michel ou Thomas ?

Vous voyez combien tout cela a changé rapidement ? Attention, l'évolution du travail des femmes est encore plus sidérante.

La révolution du travail des femmes

Il est important de noter que la question des doubles carrières a une origine très récente : l'arrivée des femmes dans la sphère publique et professionnelle. Auparavant, le problème ne se posait pas en ces termes.

Vers l'émancipation professionnelle en 4 étapes

Alice a l'impression d'être la première femme de sa famille à travailler. C'est un mythe. Le travail des femmes est aussi ancien que l'humanité. Ce sont les conditions de travail qui ont radicalement changé. Dans les sociétés traditionnelles, les femmes travaillaient, mais à l'instar de leurs maris, elles ne choisissaient pas leur activité qui se déroulait avec la famille à la ferme, dans l'atelier ou la boutique.

Sous l'Ancien Régime, le foyer comprenait généralement la famille élargie et lorsque la mère était aux champs, les anciens ou les aînés s'occupaient des jeunes enfants. Il y avait une continuité totale entre les activités professionnelles et domestiques.

Avec la révolution industrielle, les jeunes quittent leur village pour être embauchés à l'usine. La famille urbaine nucléaire (parents et enfants) se généralise. La femme ouvrière pour travailler dans les usines confie ses enfants en nourrice. Au même moment, les thèses naturalistes de Rousseau ayant mis en valeur l'idée de la mère au foyer, la femme bourgeoise décidera d'élever elle-même ses enfants. Dès que ses moyens le lui permettront, l'ouvrière arrêtera donc de travailler et cela sera considéré comme plus moral. Voilà comment est né le modèle de la ménagère de moins de 50 ans et la séparation foyer/travail !

La guerre de 1914 ouvre une parenthèse, car les femmes font tourner les fermes et les usines pendant que les hommes sont au front. Dès que les époux sont revenus, les femmes leur ont rendu les commandes. Celles qui ont continué après la guerre, notamment les veuves ou les femmes les plus modestes, vivaient souvent leur travail comme une contrainte. Cependant, la brèche s'élargit.

Au XXe siècle, sous l'influence des mouvements féministes, la femme acquiert peu à peu un statut juridique autonome et la plénitude des droits citoyens. Ce n'est qu'en 1965 qu'elle pourra décider seule de sa carrière. Le taux d'emploi des femmes et surtout leur plein accès aux responsabilités progressent lentement.

L'explication : les révolutions technique et démographique

Retournons auprès de Jeanne, la femme de notre Matthieu. Son espérance de vie est de moins de 30 ans ! Chiffre qui cache de fortes disparités.

Les progrès conjoints de l'agriculture et de la médecine vont permettre en trois siècles de multiplier l'espérance de vie par trois. Quel changement de perspective ! En France plus tôt qu'ailleurs, la natalité s'adapte à cette nouvelle réalité. C'est un changement si profond que l'on peut parler de mutation dans la vie des femmes !

CHIFFRES CLÉS

La baisse de la fécondité, une révolution

En 1750, 13 grossesses par femme, 6 enfants viables. 3 ou 4 parviendront à l'âge adulte.

Dès 1900, en France, le taux de fécondité avoisine 2 enfants par femme.

Le progrès technique a aussi pour effet de bouleverser la répartition des rôles au sein du couple. Passons en revue quelques inventions : l'eau courante, le lave-linge, le tracteur, le révolver…

Elles ont deux conséquences majeures : l'allégement du poids des corvées ménagères et l'atténuation de l'importance de la force physique. D'un côté, la femme est moins contrainte par les besoins domestiques. De l'autre, sa valeur économique rejoint celle de l'homme dans une économie mécanisée, puis de service et enfin de la connaissance. En 2015, Alice et son compagnon Thomas, les descendants de notre Jeanne de 1714, sont professionnellement interchangeables. Pour vous aujourd'hui, les 30 ou 40 % de masse musculaire supplémentaire des hommes sont-ils un critère essentiel pour produire, vendre ou même faire la guerre ? Avec son fusil, Alice aurait pu devenir soldat si elle l'avait souhaité. Alors qu'aux champs, Jeanne était clairement moins efficace que son Matthieu. Du coup, elle le secondait aux champs et à la maison aussi…

Enfin, les nouvelles technologies, en dématérialisant les relations, atténuent encore l'importance des distinctions physiques entre hommes et femmes. Lorsque Thomas travaille par e-mail, sa voix mâle et sa haute stature ne convainquent pas plus les clients que la chevelure souple d'Alice. Si bien qu'Alice pense qu'il est évident qu'elle va faire une carrière aussi brillante que son Thomas, ce qui, dans les faits, est un petit peu plus compliqué qu'elle ne le pense. À 30 ans, elle ne s'en préoccupe pas et proclame, un peu rapidement, que les questions de parité sont dépassées.

TANTE SOPHIE

Cette digression était nécessaire pour comprendre nos difficultés. Quelque part au fond de notre imaginaire, femme = mère = foyer, car c'est ce que véhiculent des milliers d'années de culture et de tradition. L'évolution des modes de vie est extrêmement rapide, celle des représentations est bien plus lente ! Alors, forcément, nous sommes tiraillés et les ajustements ne sont pas achevés !

L'apparition du couple à double carrière

Nous avons vu jusqu'ici comment le travail des femmes est devenu possible. Voyons quatre raisons pour lesquelles il apparaît maintenant nécessaire, voire évident.

1- Des débuts de carrière paritaires

Au XIXe siècle, l'éducation des filles, jusqu'ici très inégale, est progressivement rendue obligatoire puis alignée sur celle des garçons. Au XXe siècle, leur niveau d'étude rattrape voire dépasse celui des garçons et leurs débuts de carrières s'alignent. Jusque dans les années 1980, une fois en couple, une majorité de femmes mettaient leur carrière en sourdine et le modèle le plus courant était celui de la solidarité financière entre époux. Aujourd'hui, de plus en plus nombreuses sont les femmes qui demeurent célibataires ou qui souhaitent poursuivre, malgré le couple et les enfants, une carrière si bien commencée.

2- Préserver l'indépendance économique de chacun

La diffusion du divorce a un impact radical sur la carrière des femmes. Le couple n'est plus forcément considéré comme la fusion indissoluble de deux entités complémentaires et donc solidaires. Dans cette optique, chacun pouvant à tout moment reprendre son indépendance, la spécialisation économique des genres, Monsieur au travail et Madame à la maison, n'est plus tenable. L'indépendance économique de chacun des conjoints n'est alors pas « préférable » ; elle est non négociable.

3- Le travail comme facteur d'épanouissement

L'étymologie du mot travail se rapproche de l'idée de torture et évoque un effort physique pénible, que l'on entend encore dans le « travail » de la femme en couches ou dans les craquements du bois qui travaille. Sous l'Ancien Régime, rappelons-le, une femme bien née ne travaillait pas, mais son mari non plus ! Aujourd'hui, bien sûr, le travail conserve une part de pénibilité et de souffrance. Cependant, il est aussi considéré comme un vecteur d'intégration sociale, un moyen d'autonomie financière et un facteur d'épanouissement si bien que le fait d'en être privé est vécu comme une discrimination.

TANTE SOPHIE

Je me réjouis à l'idée que chacun cherche du sens dans son travail, mais attention à ne pas évaluer le sens de notre vie à notre seul métier. Que répondre à ces mères qui expliquent qu'elles retravaillent seulement pour obtenir de la reconnaissance ? Pour assurer leur indépendance, oui. Pour exister, non ! Notre époque n'incite-t-elle pas à confondre salaire et utilité ?

4- Des carrières plus précaires

Le contrat à durée indéterminée, même s'il reste plébiscité par les salariés, voit sa part décroître rapidement du fait de la montée du chômage et de l'accélération des cycles de décision des entreprises. Les distinctions entre temps personnel et professionnel se font plus ténues de même que celles entre formation et travail, entre bénévolat et activités marchandes. Dans un monde où les carrières sont moins linéaires, où les relations sont davantage virtuelles, où les compétences apparaissent aussi vite qu'elles deviennent caduques, le rapport au travail va sans doute être encore profondément modifié et le cas de Thomas travaillant en pyjama dans son lit en est un exemple typique.

Plusieurs études récentes montrent qu'une part importante des métiers actuels seront effectués par des robots dans vingt ans ; cette révolution est déjà en cours. Si nous avons pu parler de mutation pour les changements passés alors que dire de ceux qui s'annoncent ?

De la conquête à l'obligation ?

Le couple à double carrière se généralisant, il devient peu à peu la norme et presque un impératif. Les grands équilibres économiques sont de plus en plus établis pour des couples avec deux salaires, notamment les prix de l'immobilier citadin. Aujourd'hui, les politiques publiques incitent davantage les femmes à rester actives (diminution des pensions de reversion et des congés parentaux).

TANTE SOPHIE

Je vais jouer ici mon rôle de vieille tante ! Si l'on supprime toute solidarité financière au sein du couple, alors le modèle du couple à deux actifs devient obligatoire. Ne faut-il pas pourtant préserver un choix ! Surtout pour les expatriés dont le modèle repose largement sur la solidarité au sein du couple ? La solution ne passerait-elle pas aussi par un accompagnement pour aider les couples à s'adapter dans la durée ? J'imagine que le sujet n'est pas simple, mais il est essentiel.

Dessine-moi des couples à double carrière

Après ce flash-back, définissons ce concept des couples à double carrière qui va être central pour notre propos.

Couple à double carrière ou couple à deux actifs

Certains auteurs comme Sandrine Meyfret ont défini le couple à double carrière dans un sens très précis que l'on pourrait résumer comme l'union de deux cadres dirigeants. Leurs expériences sont utiles pour les autres couples, tout comme la recherche de performance des sportifs de très haut niveau fait progresser la pratique des autres.

Nous suivrons ici la tendance dominante qui est de confondre couple à double carrière et couple à deux actifs et nous prendrons la carrière dans sa définition la plus large, c'est-à-dire l'ensemble des étapes constituant une vie professionnelle, qu'elle soit linéaire ou curviligne, en progression ou stagnante, atypique ou polymorphe, fulgurante ou faite d'allers et retours sur le marché du travail.

Prenons maintenant le temps d'observer cette figure récente du couple dont les deux membres ont une activité professionnelle à l'extérieur de la maison. Que voyez-vous ?

Alice et Thomas, le couple de deux actifs

En 2014, Alice et son conjoint Thomas travaillent tous les deux à temps plein, Thomas est entrepreneur et Alice travaille 35 heures par semaine avec des trajets longs. Le temps consacré au travail dans leur couple est donc le double de celui de leurs parents, Michel et Monique, car Monique s'était arrêtée de travailler à la naissance de Thomas.

En heures hebdomadaires	Michel	Monique	Total couple 1	Thomas	Alice	Total couple 2
Durée d'une semaine en h	168	168	**336**	168	168	**336**
Temps de sommeil et soins	71	70	**141**	65	66	**131**
Travail + trajet	55	0	**55**	55	50	**105**
Tâches ménagères	7	35	**42**	11	16	**27**
Enfants	10	35	**45**	13	16	**29**
Temps restant	25	28	**53**	24	20	**44**

Chez Alice et Thomas, le temps alloué aux activités personnelles est amputé d'un tiers. Cela est compensé par une externalisation de certaines tâches : le bébé va à la garderie, l'aîné à la cantine et au centre aéré. Les chemises sont confiées au pressing et les petits plats sont souvent surgelés.

Pour les jeunes couples, le fait de travailler tous les deux est une norme et ils n'imaginent pas y renoncer. La double carrière se traduit néanmoins par une accélération de leur vie quotidienne et une grande pression sur leur organisation. Même si l'écart se réduit chez les plus jeunes, ce sont encore les femmes qui en général assurent la plus grande part des tâches domestiques.

Alors ils courent, sans être certains de tout faire pour le mieux et ils limitent leurs ambitions pour essayer de bien faire ce qu'ils ont entrepris. Crèche, boulot, garderie, dodo. C'est sous contrôle, n'en rajoutons pas ! Enfin, peut-être un jour un troisième enfant. Si cela arrivait, alors Alice envisage de prendre du recul par rapport à son travail, peut-être même un congé parental. En tout cas, un temps partiel, mais sa chef lui assure que cela nuirait gravement à sa carrière. Pour l'instant, elle hésite et remet à plus tard. Selon leur point de vue, Alice et

Thomas s'en sortent mieux que Catherine et Paul qui s'investissent davantage dans leur carrière et sont encore plus débordés.

Catherine et Paul, conjuguer deux carrières de hauts potentiels

Catherine est la sœur aînée de Thomas. Depuis l'école primaire, elle et son mari Paul ont toujours été brillants et consciencieux. Avec de bons diplômes, ils ont commencé des carrières prestigieuses dans le conseil où Paul poursuit comme associé. Catherine, elle, a bifurqué vers la banque. Elle y est considérée comme un haut potentiel. En montant dans la hiérarchie, elle travaille davantage, mais elle a plus de latitude pour s'organiser. Paul, bien qu'assez autonome également, a des horaires très lourds et est fréquemment en déplacement. Ce serait peut-être gérable, sans les adorables jumeaux de quatre ans.

En heures hebdomadaires	Paul	Catherine	Total couple
Temps de sommeil et soins	63	63	**126**
Temps hors domicile pour le travail	69	64	**133**
Tâches ménagères	5	11	**16**
Enfants	10	13	**23**
Temps restant	**21**	**17**	**38**

Ce tableau correspond-il à vos horaires et à ceux de vos parents ? Chez vous, avec quoi rime double carrière ? avec un stress accru ? avec égalité des tâches ?

L'arrivée tant espérée de leurs fils les a remplis de joie, mais depuis, c'est la course. Comme ils refusent que les jumeaux soient élevés complètement par la nounou, leur vie sociale et culturelle, déjà limitée, se réduit comme peau de chagrin.

Ils sont tous deux fiers de leur réussite commune, mais aussi fatigués de cette vie sans cesse au bord du déséquilibre, où une nounou malade se traduit par des heures de stress intense, où les moments de détente sont chronométrés. Il semble parfois à Catherine qu'elle court dans le vide comme l'écureuil dans sa cage.

Lorsqu'ils observent leurs chefs pour chercher un modèle, ils ont du mal à trouver des exemples qui les inspirent. La plupart des hommes ont une épouse qui travaille peu et beaucoup des femmes dirigeantes n'ont pas d'enfant. Autour d'eux de nombreux couples volent en éclats.

Il leur faut donc inventer seuls une solution. Ils cherchent, avec l'application qu'ils mettent en toute chose : coaching, séminaires sur la gestion du temps, lectures sur le développement personnel, yoga, groupes de réflexion, ils cheminent. Parfois, ils réfléchissent à changer de vie, monter leur entreprise, partir en province ou à l'étranger. Puis ils se reprennent et pensent qu'il s'agit avant tout de passer un cap. Ils finiront bien par progresser et les jumeaux par grandir. Leur grande chance est de traverser cette crise ensemble.

Ils souscrivent tous les deux à ce qu'écrit Sylviane Agacinski dans la conclusion du bel ouvrage collectif *La Plus Belle Histoire des femmes*[1], « on assiste à une véritable révolution de la vie privée. C'est forcément difficile, comme tout ce qui est dépourvu de modèle ».

---

1. Héritier Françoise, Perrot Michelle, Agacinski Sylviane et Bacharan Nicole, *La Plus Belle Histoire des femmes*, Points, 2014.

PAROLE DE COACH

FACTEURS CLÉS DE SUCCÈS POUR LES COUPLES AMBITIEUX

La conviction commune que chacun doit avancer dans sa carrière, qu'il ne saurait en être autrement.

La conscience que l'aventure sera complexe et qu'on ne peut s'en remettre au hasard.

Une excellente capacité stratégique pour favoriser alternativement les deux carrières alliée à une grande flexibilité pour s'adapter aux circonstances.

La recherche d'un équilibre global, dans un esprit d'équipe, privilégiant le don gratuit et la confiance à un climat de négociation et de réciprocité à court terme.

Une logistique personnelle et professionnelle optimisée.

Finalement pour eux, amour et raison font bon ménage !

Sandrine Meyfret, coach et auteur de *Couple à double carrière, une figure qui réinvente la frontière entre vie privée et vie professionnelle*, Connaissances et savoirs, 2012.

Ce long développement était nécessaire pour rappeler que la simple conjugaison de deux carrières, qui vous semble peut-être évidente comme elle l'est pour la plupart des jeunes couples, est en réalité un parcours encore mal exploré. Le principe seul en est évident.

Défi 3 – Partir travailler à l'étranger

Après avoir creusé les fondements du couple et de la double carrière, il est temps de nous pencher sur le dernier de nos grands défis : la mobilité internationale dont il est dit si souvent aujourd'hui qu'elle est indispensable pour une carrière, voire une vie, réussie.

Prenons du recul. Quelle est l'ampleur de ce phénomène ? Qui part ? Pourquoi ? Quels sont les différents statuts ? Est-ce nécessaire pour votre carrière ?

C'est parti pour un voyage en format documentaire où nous allons survoler les principales études sur le sujet, espionner les confidences des DRH des grandes multinationales, visiter les consulats et interviewer des expatriés.

Des mobilités encore limitées

Contrairement à ce qui est si souvent affirmé, la mondialisation n'est pas un phénomène récent. Ulysse, notre mentor au long de ce livre, est là pour nous le rappeler. Les vases grecs et les tombes romaines retrouvés en Chine le prouvent ; depuis toujours, les hommes se sont déplacés pour mieux assurer leur subsistance, pour conquérir, pour explorer, pour fuir ou par amour. La rupture majeure de notre époque n'est pas l'existence d'échanges mondiaux. Elle est d'ordre technique avec l'essor du téléphone, de l'aviation et d'Internet qui ont permis l'accélération et la massification du transport des données, des marchandises et des personnes sur de longues distances.

Tout aussi impressionnante est l'explosion des déplacements provisoires (tourisme et déplacements professionnels) à l'étranger : 15 % des humains ont quitté provisoirement leur pays en 2013.

En ce qui concerne les migrations, le mouvement est plus réduit.

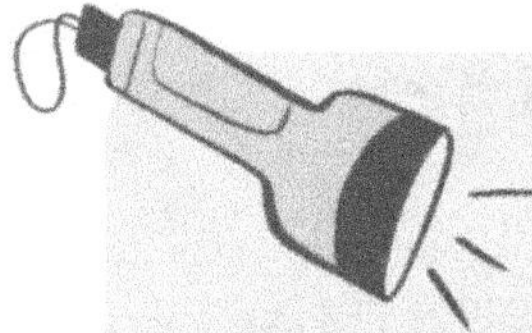

CHIFFRES CLÉS
Une époque de flux migratoires croissants[1]

3 % de la population mondiale vit dans un pays étranger, toutes migrations confondues. Ce chiffre a été supérieur pendant d'autres périodes de l'histoire, notamment entre 1880 et 1914. Cela dit, les migrations sont en pleine accélération depuis 1980 et la récente crise des réfugiés est sans doute la manifestation d'une nouvelle révolution démographique.

La France, nouvelle terre d'émigration ?

À l'échelle de la France, on estime à deux millions le nombre de Français installés hors du territoire national en 2012. C'est une proportion basse par rapport aux autres pays européens : moins de 3 % des Français résident à l'étranger pour plus de 7 % des Anglais ! Pays prospère et centralisé, la France est depuis des siècles un pays d'accueil beaucoup plus que d'émigration. Cependant, là aussi, tout change vite et le départ y est une réalité en nette augmentation : les études évaluent que ce chiffre devrait doubler en dix ans. Sans définir encore s'il s'agit de séjours à l'étranger ou de départs définitifs.

Il y a derrière la hausse de l'émigration française une bonne et une mauvaise nouvelle.

La mauvaise nouvelle, pour la France en tout cas, est que cette évolution reflète le transfert de la croissance économique vers d'autres lieux. Confrontés au chômage, en quête d'un environnement stimulant, de plus en plus nombreux sont ceux qui font le choix de partir. Si la croissance économique se déplace, les emplois suivent.

---

1. Sources : ONU. Trends in International Migrant Stock: the 2013 revision.

La bonne nouvelle est que beaucoup de nos contemporains, surtout les plus jeunes, sont curieux du monde et désireux de se préparer un avenir plus international.

Hélène, partie de Troyes, ne comprend pas pourquoi son départ attriste tant sa famille et agite les hommes politiques. « Je pars pour apprendre, comprendre et grandir, explique-t-elle. Pourquoi certains en font-ils une tragédie ? Ce n'est pas une question d'exil fiscal. Je suis une entrepreneuse, j'ai besoin d'aventure. Je reviendrai – probablement – plus riche et plus ouverte pour contribuer au développement de ma ville si elle veut de mes idées. En attendant, je contribue à la renommée de Troyes à l'étranger ! » Christophe de Margerie avait coutume de dire que les entrepreneurs expatriés étaient comme des drapeaux français plantés dans le monde. « Vous le direz dans votre livre, n'est-ce pas, c'est important qu'on comprenne que c'est une bonne nouvelle et qu'on a besoin de ces gens. » Voilà, c'est fait.

Expatriation : pour une élite diplômée seulement ?

Toutes les études se recoupent pour montrer que ce sont les plus diplômés qui bougent. Cela est vrai pour les émigrés qui arrivent dans les pays développés, mais aussi pour les expatriés. Une véritable course aux talents se déroule au plan international pour attirer les professionnels les plus qualifiés.

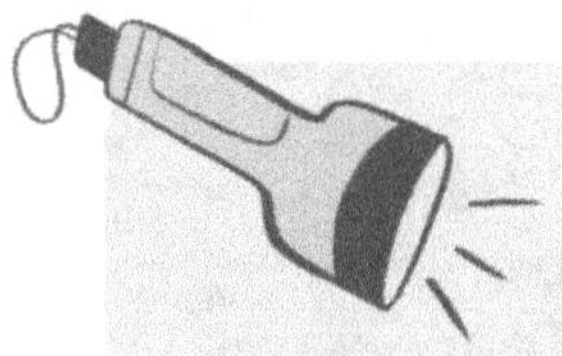

CHIFFRES CLÉS

Des Français de l'étranger ultradiplômés

Plus de 50 % d'entre eux ont une formation de niveau master ou doctorat (14,5 % de la population française est titulaire d'un diplôme supérieur à bac+2[1]).

---

1. Enquête MFE, 2013.

Ce sont donc ceux qui ont le plus d'atouts qui s'expatrient parce qu'ils en ont les moyens financiers, mais aussi intellectuels et pratiques. Ils parlent déjà plusieurs langues et sont habitués à raisonner au niveau international. De plus, ce sont ceux qui ont la capacité d'anticiper au mieux ce que cela apportera à leur carrière. En 2013, plus de 25 % des jeunes diplômés de l'enseignement supérieur voyaient leur avenir passer par l'étranger[1].

Cependant, l'appel du large est fort. Il a aussi toujours touché des aventuriers sans diplôme et avec l'intensification des mobilités internationales, il touche des cibles de plus en plus larges.

Pour illustrer cette discussion, rencontrons un jeune expatrié.

Matthias n'était pas une star des études. Il n'est pas parvenu à la fin du lycée. En revanche, il est débrouillard et sait sentir d'où vient le vent. À 20 ans, il a trouvé un poste dans une concession automobile française en Turquie. Il a accepté de nombreuses mobilités. Ses qualités d'autonomie et de négociateur ont été utiles. Aujourd'hui, fort de son excellente connaissance de marchés stratégiques pour son groupe, il a des responsabilités de premier plan. Qui sait si en restant chez lui il aurait pu mener une carrière pareille !

TANTE SOPHIE

Ne nous emballons pas mes amis ! Certes, il y a là un mouvement de fond dans les jeunes générations, mais rappelons encore une fois le chiffre initial. Seulement 3 % des Français vivent à l'étranger. C'est encore bien loin d'être une norme et, en dehors de certains milieux de jeunes très diplômés pour qui l'étranger est une évidence, mes neveux qui partent en mobilité internationale sont aujourd'hui encore de véritables pionniers.

1. Étude Deloitte in CCIP 2014 « Les Français à l'étranger. L'expatriation quelle réalité ? »

Ce que l'expatriation apportera à votre carrière et à votre vie

C'est l'une des questions majeures de ce livre ! Avoir les idées claires sur ce sujet est pour vous un facteur de succès en expatriation.

Le point de vue des employeurs : accompagner la globalisation

Les grandes entreprises s'organisent mondialement pour fabriquer leurs produits au lieu le plus rentable puis pour les distribuer sur un marché planétaire. Pour gérer cette activité globale, elles ont besoin de salariés culturellement ouverts, capables de représenter le siège dans les filiales ou de rappeler partout la diversité de l'entreprise. Enfin, elles tentent de faire circuler les bonnes pratiques et les innovations à travers le groupe.

L'internationalisation de la main-d'œuvre commence avec le recrutement. Pour cela, il s'agit d'embaucher de préférence les talents internationaux ou ceux qui ont une expérience à l'étranger. Les jeunes diplômés le savent, ce critère est devenu déterminant. Par la suite, les futurs dirigeants doivent pouvoir comprendre les différentes filiales et être conscients dans leurs raisonnements des rééquilibrages de l'économie vers l'Asie et les pays émergents. Ils sont souvent regroupés dans des programmes qui incluent des mutations internationales. Le coût de ces programmes les limite aux talents les plus prometteurs, alors les autres s'organisent pour développer par eux-mêmes l'internationalisation de leur carrière.

Jason, un financier grec, arrivé à Hong Kong, a été recruté par une banque qui était bien sûr intéressée par ses compétences en mathématiques financières, mais aussi par sa culture européenne. Son embauche permettait de renforcer le multiculturalisme dans ce groupe qui visait des clients partout dans le monde. Le patron a déjà à l'idée que Jason pourrait être utile un jour pour monter une filiale en Grèce ou en France.

Vos 7 raisons pour partir

Au-delà et parfois au-dessus de la stricte gestion de leur carrière, les expatriés évoquent de nombreuses raisons pour justifier leur départ.

1- Le travail. Pour 51 % des Français expatriés, c'est la dimension professionnelle qui caractérise le plus leur séjour à l'étranger. Parmi ceux-ci, il faut distinguer les profils envoyés par une entreprise, et ceux, de plus en plus nombreux, qui sont partis par eux-mêmes chercher un cadre plus propice pour leurs projets. Hervé, directeur de travaux ambitieux, a bien compris qu'à l'étranger il aurait davantage de visibilité. Selon lui, les jeunes peuvent y avoir des postes très complets avec des responsabilités inconcevables dans leur pays d'origine et parfois des évolutions de carrière beaucoup plus rapides.

2- L'amour et les raisons familiales sont aussi des motivations puissantes qui concernent environ 30 % des expatriés. Unions mixtes, suivi de conjoint, retour vers le pays de l'un ou des deux parents pour les binationaux, les situations sont diverses et parfois complexes.

3- Lorsque l'on creuse en analysant lors d'entretien les raisons secondaires, vient alors la recherche d'exotisme et le besoin d'apprendre, que ce soit une nouvelle langue, des compétences interculturelles ou encore la volonté de devenir expert d'une zone ou d'un marché spécifique. « Au fond de l'inconnu pour trouver du nouveau », écrivait Baudelaire.

4- Le désir d'accroître ses ressources et de bénéficier de meilleures conditions de vie à court ou moyen terme est un moteur fréquemment cité. Kevin, lui, a accepté un poste en Sibérie pour se constituer rapidement un capital important.

5- L'argument fiscal n'est pas évoqué dans les études mentionnées ci-dessus. C'est un sujet plus ou moins tabou, mais très réel dans des villes comme Bruxelles, Londres ou les grandes cités suisses.

6- L'appel de l'étranger est souvent lié à une quête identitaire. Pour ces voyageurs, soif d'exotisme et recherche de soi-même sont les deux versants d'un même besoin. De Rimbaud à Alexandra David-Néel, de Lawrence d'Arabie à Alain Daniélou, ils sont nombreux ces voyageurs dont l'identité vibre à l'appel des fascinations d'un autre monde et d'une possible autre façon d'être soi. Ils cherchent aussi à se confronter à l'inconnu pour découvrir leurs ressources et leurs points d'appui.

7- Enfin, quoi qu'on en dise, la fuite est à l'origine de bien des départs. Bien sûr, nous en reparlerons, ce n'est pas un gage de réussite, mais c'est néanmoins l'une des racines de bien des mobilités. Qui mieux que Baudelaire a chanté ce besoin d'horizons plus larges : « Dis-moi ton cœur parfois s'envole-t-il, Agathe,/Loin du noir océan de l'immonde cité ». Dans notre époque plus triviale, les Anglo-Saxons le désignent comme « *getting out of the rats race* », c'est-à-dire échapper à la course de rats. Les francophones, eux, parlent de sortir de la roue du hamster. C'est un argument fréquemment cité pendant les stages de préparation à l'expatriation.

Combien de fois, après une soirée un peu arrosée, ai-je entendu les confidences de ces expatriés inconsolés. Tel Francesco en Centrafrique qui sous un ventilateur glauque évoquait le mépris de son père et son besoin vital de partir pour se prouver. Il reconnaissait pourtant que même à l'autre bout du monde, ce regard dépréciateur le paralysait encore. Ou Tania, rencontrée en Nouvelle-Zélande, partie sur un coup de tête après un divorce et un licenciement, maugréant contre tout ce qui lui rappelait son pays natal, mais dépendante de ses compatriotes pour trouver les petits boulots qui la faisaient survivre. Loin de ces extrêmes, du dépit à l'égard de son pays à la volonté de mettre de la distance avec sa belle-mère, il y a souvent dissimulés à la source du départ, parmi les raisons positives affichées, des fondements ambigus.

Et finalement, qu'importe ! Ce que l'on cherche et trouve en partant, c'est surtout soi-même. Cela permet de s'extraire du moule originel, de chercher des affinités avec d'autres modèles, de prendre du recul pour retrouver le contrôle de sa vie, de construire son couple loin des interférences. Tout cela est positif. Cependant, attention, tous les problèmes abandonnés au départ se retrouveront bien présents au retour.

POUR LA ROUTE

Rêves de gloire ou d'exotisme, fuite de l'ennui ou du passé, amour ou haine, quelles sont les raisons qui vous poussent à partir ?

Expatriation et carrière, le malentendu

Nous avons vu que la première raison invoquée par les expatriés est professionnelle. Qu'en pensent les entreprises. D'après elles, l'expatriation est-elle toujours bonne pour la carrière ? Peut-elle être indispensable ? C'est là un point clé de notre réflexion. Voici la synthèse des dizaines d'entretiens avec des professionnels du secteur à qui la garantie de l'anonymat a permis d'être plus sincères.

D'après notre enquête, il y a un gros malentendu sur l'expatriation. Beaucoup pensent que l'étranger est une case à cocher sur leur CV et qu'à leur retour, cette expérience sera forcément valorisée. C'est une erreur aux lourdes conséquences. Ce n'est pas parce que vous avez été à l'étranger que vous serez promu. C'est parce que vous aurez acquis de l'autonomie, de l'ouverture, des réflexes internationaux. Parfois c'est dans la suite de votre parcours seulement que cela fera la différence.

Cette étape est-elle indispensable ? Pour bien des jeunes diplômés, un stage et des études à l'étranger sont aujourd'hui des prérequis. Pour les autres, il y a évidemment certaines spécialités qui ne s'exercent qu'à l'étranger ou qui demandent de fortes expériences internationales. Si vous voulez travailler sur des grands barrages ou sur des écosystèmes exotiques, il faudra *vivre* à l'étranger et, si vous ne le voulez plus, il faudra sans doute changer de métier.

Enfin, certaines filières exigent de passer par l'expatriation. Si vous voulez lancer une nouvelle lessive pour le marché mondial, il vaut mieux que vous connaissiez de l'intérieur plusieurs continents. Si vous traitez avec des clients asiatiques, il est préférable d'avoir vécu en Asie. Dans de nombreux groupes, les cadres dirigeants doivent avoir vécu environ dix ans à l'étranger. Certains PDG sont formels là-dessus.

Voici comment ils le justifient : d'abord, il faut que toutes les grandes régions du monde soient représentées au comité exécutif. Ces patrons valorisent surtout sur la capacité à anticiper les changements et à élargir sa capacité à imaginer hors des repères actuels. Or d'après eux, l'expatriation renforce fortement cette capacité. En effet, en partant à l'étranger, vous élargissez vos cadres et découvrez que ce qui est vrai chez vous peut être faux dans un autre pays. Un PDG citait le cas d'un ancien expatrié qui avait alerté sa hiérarchie sur les implications de la crise des *subprimes* en 2008. Il avait déjà vécu des faillites bancaires en Argentine. Sans lui, ses chefs n'auraient pas perçu le risque à temps. Par ailleurs, l'expatriation permet de renforcer ses capacités de management. Après avoir encadré des personnes d'une culture complètement différente, on trouve plus facilement des clés pour manager les équipes, sans vouloir à tout prix changer les gens.

La question cruciale apparaît alors clairement : quelqu'un qui ne veut ou ne peut pas bouger ne sera-t-il donc jamais dirigeant ? Dans le CAC 40 actuel, plusieurs grands patrons n'ont jamais habité à l'étranger, Christophe de Margerie dont nous parlions plus tôt en fut un magnifique exemple, mais qu'en sera-t-il dans vingt ans ? L'expatriation apporte une plus grande maturité et une meilleure connaissance de soi, disent les RH. Ceux qui ont vécu cette expérience développent leur capacité à sortir du moule et à prendre des risques.

UNE REMISE EN CAUSE CRUCIALE

En permettant de remettre toutes ses valeurs en question, l'expatriation permet de se renouveler. Elle est à l'individu ce qu'une réorganisation est à une entreprise ; un big bang personnel qui permet de sortir du confort des habitudes et de se remettre en cause. C'est un atout professionnel déterminant car le confort et les certitudes conduisent les entreprises à une issue incertaine.

Bruno Lafont, PDG de Lafarge, coprésident de Lafarge Holcim

Si les voyages forment la jeunesse, vivre à l'étranger maintient la capacité à innover. Attention cependant, il est difficile de valoriser une expérience à l'étranger au retour et comme nous le reverrons lorsque nous évoquerons le retour, l'abus d'expatriations nuit aussi à la carrière[1].

Logiquement, on peut alors se demander ce qu'il se passe si l'on refuse une expatriation. La réponse est la même que chaque fois que l'on refuse un poste ! On prend un risque. Quelle qu'en soit la raison, personnelle ou professionnelle. L'entreprise ne vous en « veut » pas, du moins la première fois. Simplement, les bons soldats progressent plus vite. Et n'est-ce pas juste ? Aujourd'hui, beaucoup d'entreprises sont un peu plus souples pour les femmes parce qu'il y a du retard à rattraper dans le domaine de la parité.

Pour répondre à notre question initiale, l'expatriation est-elle utile pour la carrière, évidemment. Indispensable, rarement, sauf pour les plus jeunes et les plus ambitieux. Et même pour eux, il est risqué d'en abuser.

---

1. Étude Deloitte in CCIP 2014 « Les Français à l'étranger. L'expatriation quelle réalité ? »

TANTE SOPHIE

J'ai souvent entendu des expatriés se plaindre du fait que leurs sacrifices personnels parfois lourds ne se reflétaient pas dans leur évolution de carrière. Leur frustration était terrible et inappropriée. Comment une entreprise pourrait-elle noter et évaluer les efforts personnels de chacun ? C'est une erreur de registre. Lorsque nous avons refusé de repartir aux États-Unis parce que mes parents étaient malades, votre oncle Théophraste a manqué le poste de ses rêves. Un collègue plus mobile à ce moment-là l'a obtenu et nous, nous avons pu accompagner nos parents jusqu'à leur mort. La réussite n'est pas qu'une question de carrière, mais aussi de priorités !

L'international, dans quelles conditions partirez-vous ?

Intéressons-nous maintenant au pratique. Les situations d'expatriation recouvrent en effet des réalités extrêmement variées. Il n'y a qu'à passer quelques heures dans le service État civil d'un consulat pour s'en rendre compte. Installons-nous dans la salle d'attente et observons.

Expatriation ou contrat local

Dans cet ouvrage, lorsque nous parlons des expatriés, nous ne nous référons pas au contrat, mais à la situation : *ex-patria*, c'est-à-dire « hors de la terre de ses pères ». Ou de la mère patrie, pas de polémique ! Cependant, techniquement, les termes recouvrent des situations très différentes et il n'est pas toujours facile de s'y repérer.

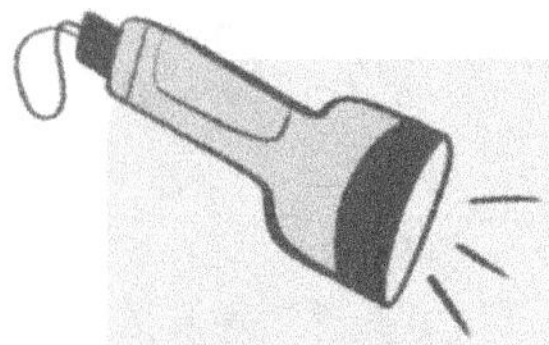

CHIFFRES CLÉS[1]

Expatrié : un statut qui se voit moins

50 % sont des Français de l'étranger sont salariés en contrat local et 28 % créateurs d'entreprise, professions libérales ou commerçants.

Les salariés expatriés par une entreprise ne représentent plus que 19 % de cette population. Cependant, en valeur absolue, leur nombre demeure stable, c'est leur proportion qui diminue dans une population en forte croissance.

Les entreprises distinguent l'expatriation qui maintient le contrat avec le siège et le contrat local qui y met fin, le collaborateur devenant alors salarié de la filiale locale. Entre les deux, la vaste panoplie des contrats « local + » qui accordent des avantages financiers au salarié. Attention, pour la Sécurité sociale, le détaché est celui qui garde le régime de SS, à l'inverse de l'expatrié qui ne cotise plus. Les impôts classent les expatriés en résidents ou non-résidents.

Les packages d'expatriation existent-ils toujours ?

Pour bien des postulants, expatriation rime avec package (qui rime aussi avec avantage) ; indemnité de logement, financement de l'école des enfants, aide administrative, prise en charge d'aller-retour vers le pays d'origine et, surtout, maintien d'une relation contractuelle avec l'établissement d'origine, précieuse en cas de problème. Ces conditions de rêve existent-elles toujours ?

Pour en savoir plus là-dessus, nous avons mené l'enquête auprès de nombreux DRH, directeurs de la mobilité et même plusieurs PDG de grands et moyens groupes. Voici ce qu'il ressort de leur propos.

---

1. *Source :Enquête* Mondissimo Sofres « Expatriés, votre vie nous intéresse… » *2013 Attention*, les études sont assez contradictoires et comportent d'importants biais méthodologiques. Dans tous les cas, les expatriés de longue durée qui ont des liens distendus avec leur pays d'origine sont sous-représentés.

Première question : nous avons remarqué que les entreprises remplacent de plus en plus le mot « expatriation » par l'expression « mobilité internationale ». Ce glissement sémantique n'a-t-il pas pour but de faire oublier le package ? Le statut d'expatrié est-il en voie d'extinction ? Une étude précise des chiffres montre que le pourcentage d'expatriés a diminué d'un tiers entre 2000 et 2013, mais que le nombre d'expatriés reste stable en valeur absolue. Les entreprises ont des objectifs exigeants pour diminuer la masse salariale. Alors, elles louvoient entre accompagner les talents et comprimer les coûts. Si vous êtes ingénieur (une population souvent peu mobile), dans des projets techniques où votre savoir-faire est rare, vous avez de bonnes chances d'être expatrié au sens contractuel du terme. Si vous faites partie des jeunes chefs de produits dynamiques dans la grande consommation qui se battent pour partir, vous aurez plus probablement un contrat local renforcé de quelques compensations. C'est l'offre et la demande ! Si l'on vous demande de partir sur un *compound* (zone résidentielle réservée aux étrangers) au fin fond de la Chine, il faudra sans doute plus d'accompagnement que pour vous convaincre d'accepter un poste à Barcelone !

Le mouvement général de ces accompagnements va vers moins d'aide au logement, moins de financement des écoles des enfants, mais plus d'accompagnement, notamment de cours de langue ou d'aide à la recherche d'emploi pour le conjoint. C'est ce que nous appelons, avec un anglicisme barbare, l'*empowerment* des expatriés. Ces conditions varient largement en fonction des entreprises et des contextes. À gros traits, voici la situation la plus favorable pour le salarié : une grande entreprise, industrielle, un poste à responsabilité (directeur de filiale, directeur administratif et financier) ou un poste d'expert. Souvent les entreprises anglo-saxonnes accompagnent davantage. À l'autre bout du spectre, le fait d'avoir des compétences facilement reproductibles localement, d'être dans une structure qui a peu de moyens, de viser une destination proche et très prisée.

Négocier son package

Les entreprises affichent des politiques très normées qui s'appliquent pour tous, mais il reste parfois une marge de négociation, notamment grâce au jeu entre le siège et le terrain. Il ne faut pas trop le répéter mais entre deux personnes d'un même groupe, dans un même pays, les conditions peuvent être un peu différentes. Alors cela mérite de se renseigner, de faire connaître ses désirs puis d'arbitrer les concessions. C'est un équilibre délicat entre un marchandage excessif qui peut vous valoir une mauvaise réputation et ce que vous voulez gagner pour votre famille et votre qualité de vie. Dans certains groupes néanmoins, votre marge de manœuvre sera nulle. Comme toujours, soyez courtois et factuel. Combien d'aides au logement ont été revalorisées lorsque l'expatrié a montré au service Mobilité la réalité de l'immobilier sur place ! Attention, ne partez pas sans un contrat signé, stipulant toutes les conditions sur place et celles du retour même si les délais sont courts ! Les interlocuteurs changent souvent et partent avec leurs promesses. Après le départ, le rapport de force n'est plus en votre faveur.

Et si vous décidez de partir par vous-même ?

L'expatriation concerne seulement 1 à 2 % des salariés des grands groupes. Les autres attendent ou tentent l'aventure en contrat local. Cette dernière situation n'a pas que des inconvénients sur le plan professionnel. D'abord parce que l'expatrié garde la main sur le rythme de son séjour. Ensuite parce que n'ayant pas l'illusion que l'entreprise va s'occuper de lui, il est souvent plus réactif et adaptable.

Attention, même s'ils partent en contrat local, beaucoup d'expatriés restent cependant liés à une entreprise de leur pays. Les aventuriers qui partent travailler dans une entreprise étrangère sont plus rares. Comme nous le verrons dans la troisième partie, pour ceux-là, la question de la fluidité des carrières internationales à l'extérieur d'un groupe est plus complexe et les enjeux budgétaires doivent être bien balisés.

POUR LA ROUTE

Quel impact un départ aurait-il sur vos carrières respectives ? Pour vous, est-ce utile, nuisible ou indispensable ?

Nous arrivons maintenant à la phase interactive où vous allez pouvoir reprendre à votre compte ce que vous avez lu jusqu'ici.

SOIRÉE AUX CHANDELLES EXPLORATOIRE

Il n'est pas toujours facile d'aborder les sujets suivants tous les deux. C'est l'objet de cette soirée aux chandelles. Pour y parvenir, voici le mode d'emploi que nous vous suggérons :

- choisissez un lieu tranquille et chaleureux.

- avant de commencer, posez vos règles : durée, mode d'emploi…

- interrogez-vous mutuellement sur votre état d'esprit : amusé, agacé, distrait…

- pensez à éteindre vos portables…

QUIZ N°1 – TOI, MOI ET NOUS. OÙ EN EST NOTRE AMOUR ?

Mode d'emploi : elle remplit seule les deux colonnes de gauche. Elle indique dans la colonne « Elle » ce qu'elle pense et dans la colonne « Elle pour Lui » ce qu'elle imagine qu'Il dirait.

Elle cache les résultats et passe à Lui qui remplit les deux colonnes de droite. La gymnastique complexe au départ devient vite naturelle. Puis rendez-vous ensemble aux résultats.

ELLE dit pour ELLE-MÊME	ELLE dirait pour LUI		IL dit pour LUI-MÊME	IL dirait pour ELLE
		1. Être amoureux, c'est...		
		A ☐ vibrer de tout mon être en pensant à toi.		
		B ☐ penser qu'il n'existe personne de mieux que toi.		
		C ☐ renaître grâce à toi.		
		D ☐ vouloir passer ma vie avec toi.		
		2. Aimer et être amoureux...		
		A ☐ c'est la même chose.		
		B ☐ d'abord on tombe amoureux, puis on s'aime.		
		C ☐ être amoureux, c'est une émotion. S'aimer, c'est un engagement.		
		D ☐ au secours, là, c'est trop compliqué !		
		3. Quand j'entends : « Tu es tout pour moi ! »		
		A ☐ Je réponds : « Toi aussi ! »		
		B ☐ Je suis heureux(se).		
		C ☐ Je me sens enfermé(e) et je m'enfuis.		
		D ☐ Je réponds : « Et toi presque, mais pas tout à fait ! »		

		4. Le climat général dans notre couple, c'est…		
		A ☐ ciel toujours bleu, jamais de conflits.		
		B ☐ la Bretagne, soleil et pluie tous les jours.		
		C ☐ le Pacifique, mer belle ou grosse tempête.		
		D ☐ le Cap Horn, ouragan permanent.		
		5. L'infidélité pour moi, ce serait…		
		A ☐ adieu à tout jamais.		
		B ☐ le signe qu'on aurait un sérieux problème.		
		C ☐ une expérience enrichissante.		
		D ☐ il suffit de lire ça pour pleurer.		
		6. Ton argent et mon argent…		
		A ☐ sont deux continents séparés.		
		B ☐ sont au même niveau : nul.		
		C ☐ forment un océan commun, on ne regarde plus où est la source.		
		D ☐ se joignent partiellement en une réserve commune.		

		7. Un couple qui va bien…		
		A ☐ fait l'amour tout le temps.		
		B ☐ n'a plus besoin de faire l'amour.		
		C ☐ sait parler de sexe.		
		D ☐ fait alterner sexe et tendresse.		
		8. Quand il n'y a plus d'amour…		
		A ☐ on se sépare.		
		B ☐ on reste ensemble à cause des enfants.		
		C ☐ on va voir un conseiller conjugal.		
		D ☐ on déclenche le plan Orsec.		
		9. Les enfants…		
		A ☐ ça tue l'amour.		
		B ☐ c'est le summum de l'amour.		
		C ☐ c'est un visage de l'amour, mais pas forcément le centre.		
		D ☐ on en veut 10.		
		10. La météo de notre couple aujourd'hui…		
		A ☐ c'est le bonheur.		
		B ☐ on vient de se disputer, c'est la santé.		
		C ☐ morne plaine. Ça manque de tonus.		
		D ☐ tout allait bien, jusqu'à ces questions débiles !		

RÉSULTATS À CALCULER ET À COMMENTER ENSEMBLE !

Le plus gros est fait. Il reste maintenant à compter vos points et à analyser. Reportez vos réponses dans les 4 premières colonnes de la grille ci-contre. Vous pouvez mettre un astérisque quand vous êtes surpris par une réponse de votre conjoint. Puis, calculez vos points, ligne par ligne :

- chaque fois que l'un a trouvé ce que l'autre disait de lui, 1 point de connaissance mutuelle. Vous aurez donc 0 , 1 ou 2 points par ligne pour la connaissance mutuelle ;

- si ELLE et LUI ont des réponses identiques, 1 point de convergence. Vous aurez donc 0 ou 1 point par ligne pour la convergence.

Exemples

Elle : **A**, Lui, **B**, Elle pour lui, **C**, Lui pour elle, **A** : 1 point de connaissance mutuelle : **Il a trouvé ce qu'elle dirait.**

Elle : **A**, Lui, **B**. 0 point de convergence, **ils ne pensent pas la même chose**.

Le nombre de points maximum est donc de 3 points par ligne : 2 points de connaissance mutuelle, 1 de convergence.

Question	ELLE	LUI	ELLE pour LUI	LUI pour ELLE	Nombre de points de connaissance mutuelle	Nombre de points de convergence
1						
2						
3						
4						
5						
6						
7						
8						
9						
10						
Total					../20	../10

ANALYSE

CONNAISSANCE MUTUELLE /20

Entre 0 et 6 points de connaissance mutuelle

Il semblerait que vous ne partiez pas sur les mêmes bases. Vous avez certainement envie d'expliquer vos choix de réponses. Vous pouvez choisir pour commencer les 3 questions où la réponse de l'autre vous a le plus surpris(e).

Entre 7 et 15 points de connaissance mutuelle

Vous commencez à bien vous connaître, mais l'Autre demeure toujours un mystère ! Vous auriez beaucoup de choses à vous raconter en expatriation ! Rendez-vous pour un tendre dîner aux chandelles à la page suivante pour échanger sur les points où vous pensiez vous connaître et où vous avez été étonnés.

Plus de 16 points de connaissance mutuelle

Votre couple est déjà mature. L'expatriation pourrait vous permettre de découvrir encore d'autres facettes de votre conjoint et un peu de nouveauté.

CONVERGENCE   /10

De 0 à 3 points

Au moins, vous pourrez compter l'un sur l'autre, car vous êtes très différents. Mais vous retrouverez-vous dans le même pays ? Comment gérerez-vous vos divergences ?

De 4 à 8 points

Vous avez une vision commune, et pas mal de divergences. Aimer est un ajustement perpétuel. Bonne nouvelle : la vie de couple se nourrit de ces divergences. Inutile de chercher à devenir identiques !

9 et 10 points

Tant de connivence est une force, mais attention de rester attentifs aux diffé-rences entre vous qui apparaissent inévitablement en route…

Pour aller plus loin

Listez les questions que vous voulez approfondir parmi les « ? pour la route » de cette partie ou dans le test que vous venez de faire.

- Si un jour par malheur l'amour entre vous s'éteignait, quelles seraient vos raisons pour rester ensemble ? (*cf. page 37*) ;

- Passer de l'amour-passion à l'amour durable, est-ce pour vous un tue-l'amour ? Où en êtes-vous dans cette évolution entre passion et engagement ? (*cf. page 43*) ;

- De quel modèle vous sentez-vous le plus proche l'un et l'autre ? Matthieu, Michel ou Thomas ? (*cf. page 46*) ;

- Ce tableau correspond-il à vos horaires et à ceux de vos parents ? (*cf. page 54*) Chez vous, avec quoi rime double carrière ? avec un stress accru ? avec égalité des tâches ?

- Rêves de gloire ou d'exotisme, fuite de l'ennui ou du passé, amour ou haine, quelles sont les raisons qui vous poussent à partir ? (*cf. page 64*) ;

- Quel impact un départ aurait-il sur vos carrières respectives ? Pour vous, est-ce utile, nuisible ou indispensable ? (*cf. page 71*)

Prenez un temps de réflexion.

Puis présentez vos vues sur une question. À tour de rôle, sans vous interrompre. Répondez non pour débattre – personne n'a tort ou raison dans une discussion de ce type –, mais pour identifier vos points communs et vos divergences.

À la fin, il est utile d'écrire une synthèse qui sert de point d'étape et de feuille de route.

NB : si par hasard, sans aucun cliché, l'un d'entre vous préférait regarder un match de foot, qu'il sache que les dîners-parlotte-émotion se terminent souvent par des soirées-contact-frisson. Alors, le foot ?

je m'expatrie
tu rebondis
il réussit
nous changeons
vous suivez
ils s'aiment

VOTRE SUPER DÉFI :

CONJUGUER COUPLE ET EXPATRIATION, DU DÉPART AU RETOUR

Nous avons posé les bases en rappelant combien les trois éléments fondamentaux de votre projet – s'aimer, travailler tous les deux, partir – sont autant de défis élémentaires. Avançons encore puisque notre sujet est la conjugaison des enjeux que nous avons disséqués mais allons-y progressivement. Prenons pour l'instant la pousse délicate qu'est un couple. Que se passe-t-il lorsqu'on la déracine pour la transplanter à l'étranger ?

Cette partie vous permettra de comprendre l'impact d'une mobilité internationale, du début à la fin de l'expatriation. Hauts et bas, décalages et tensions, écueils et découvertes, doutes et choix… Il est évident que vous ne vous embarquez pas sur un long fleuve tranquille, mais plutôt pour une belle aventure qui gagne à être quelque peu balisée. Nous suivrons pour le constater le couple de Louis et Eugénie pendant leurs trois années en Thaïlande.

Dans la soirée aux chandelles qui clôt cette partie vous pourrez approfondir ces enjeux en réfléchissant sur le mode d'expatriation le plus adapté à votre couple.

Départ : le grand chamboule-tout

Avant de partir, abordons la question qui vous brûle les lèvres. Sans réponse claire, certains risquent de rester à quai. Est-il vrai que l'expatriation est dangereuse pour le couple ? Vous le savez, réussir son couple est difficile dans une société où près de la moitié des mariages se soldent par un divorce. Or l'expatriation arrache les conjoints à la routine. Elle les tire de la frénésie du quotidien qui peut être une fuite en avant. Elle secoue brutalement les équilibres instables. Alors, provoque-t-elle plus de séparations ?

Un chiffre circule avec insistance dans la littérature spécialisée française : il y aurait 35 % de divorces en plus du fait de l'expatriation, voire 54 % dans des articles récents. On lit même que la moitié des couples expatriés se sépareraient. Hors de question de partir dans ces conditions ! Bonne nouvelle, ces chiffres ne sont pas valides[1].

En réalité, les expatriés ne divorcent pas plus, et peut-être même moins, que les autres couples. Les chiffres incontestables viennent des consulats. Le taux de personnes séparées ou divorcées à l'étranger tourne autour de 7 %, soit moins que dans la population hexagonale (8 %). Or la catégorie socioprofessionnelle dont sont majoritairement issus les expatriés (les cadres urbains) et leur tranche d'âge (moins de 50 ans essentiellement) divorcent plus que la moyenne. Puisque le taux de personnes séparées chez les expatriés est inférieur à la moyenne nationale, on peut donc en déduire que l'expatriation ne fait pas augmenter le taux de divorce ! Sur ces bases, il est temps, levons l'ancre !

---

1. À la question : « L'expatriation est-elle en cause dans votre divorce ? » de l'étude Mondissimo Sofres « Expatriés, votre vie nous intéresse… », les divorcés qui représentent 7 % de l'échantillon, soit 70 personnes environ, répondent à 35 % « oui », ce qui est traduit par « l'expatriation est responsable de plus d'un divorce sur trois » et devient dans beaucoup d'articles « un tiers de divorces en plus chez les expatriés ». À vous de juger de la validité de ces conclusions. Quant aux autres chiffres, ils se fondent sur des impressions.

PAROLE DE COACH

LA FAMILLE EXPATRIÉE, UNE TORTUE SANS SA CARAPACE

« Chaque couple s'installe dans la durée en s'appuyant sur des routines et en s'insérant dans un tissu social qui lui constitue petit à petit une carapace solide.

L'expatriation élimine cette carapace. Hors de son réseau de relation habituel, il n'y a plus d'indifférence ni d'évitement possible. Le couple est confronté à lui-même dans un environnement inconnu et doit se réinventer. »

Corinne Tucoulat, coach, cofondatrice d'Expat Communication

De l'annonce au départ, entre enthousiasme et angoisse

Même si le projet n'aboutit pas, la simple évocation d'une potentielle expatriation transforme la vie d'un couple en créant un autre futur possible.

POUR LA ROUTE

Comment se prennent dans votre couple les grandes décisions comme un départ en expatriation ? Êtes-vous plutôt du type impulsifs, consensuels, stratèges, paritaires ? L'histoire qui vient pourrait-elle se dérouler chez vous ?

Une annonce qui bouleverse tout

Un soir, en revenant du bureau, Louis, ingénieur aéronautique, avait laissé tomber un : « Tiens, tu sais qu'ils cherchent des gens comme moi pour Bangkok en ce moment ! » Il gardait un air détaché, mais au fond de lui, tout vibrait. Cela faisait plusieurs mois que le directeur des offres lui parlait de postes en Asie. Au départ, il ne s'imaginait pas du tout partir, car il était heureux dans sa vie toulousaine et ne pouvait concevoir qu'Eugénie, médecin hospitalier, accepte de le suivre. Le patron, tenace, était revenu à la charge à plusieurs reprises. L'idée avait fait son chemin et ne semblait plus si absurde. Louis avait consulté les ressources humaines et la gestionnaire l'avait ébranlé avec un argument dont elle semblait convaincue. « Vous y perdrez peut-être sur le plan financier, mais sur le plan familial, ce sera une aventure exceptionnelle ! Parlez-en à votre femme. Et puis, vous savez, le futur est en Asie. Je ne sais pas quel sera l'avenir d'un ingénieur qui ne comprend pas ce qui se passe là-bas. »

Eugénie est fine mouche. En entendant son mari, elle a aussitôt compris que la petite phrase n'était pas du tout aussi légère qu'elle en avait l'air. Elle sentit la tête lui tourner. Partir. Quitter Toulouse ? Renoncer à ses patients ? à l'hôpital ? Déjà l'air lui manque.

Louis lui démontra les avantages pour la famille et pour lui. Pour elle aussi, puisqu'elle se plaignait si souvent d'être débordée. Ce serait l'occasion de faire une pause et de découvrir autre chose ! Eugénie acquiesça. Un changement d'air ferait du bien à tout le monde. Quant à elle, elle s'en sortirait ; elle en avait vu d'autres. Il fallait en reparler. Quelques jours plus tard, ils dirent le oui qui initia leur aventure thaïe.

COMMUNIQUER SUR L'INCERTAIN

Lorsque les projets sont encore flous, certains les taisent de peur de voir leur conjoint s'emballer. « J'attends que ce soit un peu plus sûr », disent-ils. Pourtant, plus on attend, plus les risques de malentendus sont forts. Dire ne signifie pas promettre, la transparence est la base de la confiance et la confiance sera déterminante pour le succès de votre aventure.

Le feu des préparatifs

À partir de ce moment, Eugénie comprit qu'elle avait mis la main dans un engrenage qu'elle ne contrôlait plus. Louis fut aussitôt happé par son nouveau poste et se mit à voyager sans cesse en Asie. Si l'entreprise avait décidé d'investir sur un expatrié – enfin, version économique quand même –, c'est que la situation était complexe. Louis avait beau essayer de dégager du temps pour les aspects personnels, il était submergé par les dérapages du projet qu'on lui avait confié.

Jamais Eugénie n'avait imaginé que les préparatifs et la négociation avec l'entreprise se feraient avec un mari sans cesse absent et donc qu'elle ne récolterait que des bribes d'information sans aucun pouvoir de négociation.

Elle resta donc seule pour gérer ce qu'elle appela « tout le déménagement », c'est-à-dire le tri des affaires, la mise en location de leur maison de Toulouse, les formalités de départ et l'inscription des enfants à l'école à Bangkok, tout en poursuivant son travail à temps plein et la gestion de la famille jusqu'à la veille du déménagement. Louis, lui, s'évertuait à dégager des micro-instants pour gérer ce qu'il pensait lui aussi être « tout le déménagement », c'est-à-dire le repérage des appartements sur place, les liens avec l'administration locale et la préparation de l'arrivée de sa famille, alors qu'il avait tant de travail entre son ancien et son nouveau poste.

TRUCS D'EXPATS

TRAVERSER SANS CASSE LE DÉMÉNAGEMENT

Être lucide pour évaluer la lourdeur de cette période, ne pas se surestimer et demander de l'aide, notamment pour s'occuper des enfants.

Savoir célébrer les étapes pour s'élever au-dessus de la logistique.

Éviter de faire le dos rond en pensant qu'on se retrouvera plus tard ; garder des créneaux pour se parler afin d'amortir les tensions.

Le paroxysme du déménagement

Cette période de trois mois passa en un éclair, sans trop de heurts, car les époux se croisaient à peine. Cela jusqu'à la veille du déménagement. Louis, sous-estimant l'importance de la manœuvre en cours, avait insisté pour que les enfants soient présents afin qu'ils puissent « se rendre compte ». Eugénie, épuisée et débordée, n'avait pas réagi, consciente pourtant de leur énervement dans ce contexte de changement. Alors que les parents s'affairaient aux derniers tris, le silence dans la maison leur sembla suspect. Louis partit enquêter et explosa de colère. Lassés de la chaleur, les enfants avaient transformé la salle de bain en piscine et l'eau ruisselait à travers le plancher, coulant en cascade dans l'entrée. Saisissant une perceuse, Louis se mit à percer le plafond pour qu'il ne s'effondre pas, tout en hurlant contre sa femme qui ne contrôlait pas les enfants. Toute la tension contenue depuis des mois explosa à cet instant. Eugénie, hors d'elle, proféra contre son mari tous les reproches qu'elle avait accumulés et ceux-ci sortirent sous forme de mots jamais entendus de sa bouche. Le quartier résonnait des cris de ce ménage jusqu'ici sans histoire. Enfin, un léger « chut » se fit entendre. Les trois enfants, blottis dans l'escalier, regardaient ahuris leurs parents trempés, blancs de plâtre, qui s'égosillaient tout en creusant des douches dans le plafond. Coupés dans leur élan, Louis et Eugénie se rendirent compte de l'absurdité de la situation. « On a besoin d'une pause, s'exclama Louis, on va dîner au restaurant ! »

POUR LA ROUTE

Êtes-vous comme on le voit ici un couple sujet aux explosions ou plutôt en mode contenu ? Quels sont vos mécanismes pour traverser les crises ?

Deux jours plus tard, la maison était mise en cartons, les cartons partis dans un container et le container vivait sa vie de mers en ports pour trois mois. Dernières vacances avant le départ. Vacances douces-amères entre les larmes des adieux et la joie de sentir l'affection des proches, entre l'excitation de l'aventure et la peur de l'inconnu.

TANTE SOPHIE

J'aime cette anecdote de la fuite pendant le déménagement. Elle montre commme ces instants sont intenses. Combien de visites aux urgences, car un enfant s'est blessé la veille du départ ? Même sans catastrophe domestique, tout se télescope. Impatience, logistique, angoisse et regrets sont inextricablement mêlés. On baigne dans un climat émotionnel instable qui s'apparente aux montagnes russes. Quel que soit le savoir-faire des expatriés, cette période n'est jamais anodine.

Le cycle en trois phases de l'arrivée

Lorsque notre petite famille parvient à l'aéroport, les angoisses sont oubliées ; toute l'énergie est focalisée sur l'excitation de la découverte.

Une lune de miel éclair

Pendant les premiers jours, ils vont vivre ce qui est communément appelé la lune de miel avec Bangkok. Dans leur cas, elle durera deux semaines, le temps des vacances qu'ils se sont octroyées pour découvrir la ville et ses alentours comme des touristes.

La ville leur paraît passionnante. Ils ressentent tous une énergie formidable et une immense sympathie pour le pays et pour ses habitants.

Louis et Eugénie se sentent d'attaque pour apprendre le thaï et pour jouer la carte de l'intégration totale. Leur jugement sur les autres expatriés qui semblent critiques sur le pays est dur. Pourquoi ne voient-ils pas l'extraordinaire richesse du pays qui les accueille ? Nos néophytes ne savent pas encore que pendant ces premiers jours, ils vont intégrer une part très importante des informations qu'ils collecteront sur cette ville. La courbe d'apprentissage culturelle est clairement logarithmique constatera plus tard Louis, l'ingénieur, c'est-à-dire extrêmement rapide au départ, puis de plus en plus lente.

Le choc culturel

Lorsque Louis partira travailler avec son chauffeur, laissant sa femme seule à l'hôtel avec les fournitures scolaires à acheter dans une ville qui lui est encore inconnue, celle-ci commencera à aborder la seconde phase, connue comme le « choc culturel ». Louis avait déjà entamé cette phase lors de sa longue mission de repérage le trimestre précédent. Pour Eugénie, comme souvent pour les conjoints accompagnateurs, cette phase fut plus longue et plus pénible. De façon insensible, son enthousiasme s'amenuisa. Au bout de trois semaines, lorsque les enfants sont installés à l'école et que Louis, submergé de travail et de déplacements professionnels, ne fit que de brèves apparitions à la maison, Eugénie ressentit un vide sidéral.

Sa réserve d'énergie, employée à lutter pour comprendre son environnement, réorganiser la vie quotidienne et réconforter les uns et les autres a fondu. Pour elle, particulièrement empathique d'ordinaire et avec un talent remarquable pour « sentir » les autres, il est notamment pénible de se sentir ainsi coupée de ceux qu'elle rencontre.

Chaque parole prononcée en thaï la fait se sentir plus étrangère. Elle mesure maintenant la distance culturelle qui la sépare de la « maid » dont elle pensait se faire rapidement une alliée. Quand un commerçant au marché lui tend de la citronnelle alors qu'elle pensait avoir demandé un poulet, les grands projets qu'elle avait faits dans l'exaltation de l'arrivée lui semblent soudain inatteignables. Isolement, déracinement, découragement ; notre médecin s'interroge, cet état serait-il de type dépressif ? Il est en tout cas bien instable, car il suffit d'une rencontre, d'un succès – même infime – pour que son énergie renaisse de ses cendres. Pour quelques heures.

Louis a traversé cette phase autrement. Son travail ne lui laisse pas le temps de trop s'examiner ni de ralentir le rythme. Au départ, il se sentait galvanisé par ses nouvelles responsabilités, bouillonnant d'idées et de projets, fier d'emmener sa petite famille dans cette grande aventure. Après quelque temps, des moments d'angoisse extrême le saisirent sans crier gare. Lorsque, à l'issue d'une réunion, il ne parvenait pas à déterminer si le message qu'il avait voulu faire passer était transmis ou pas, il se sentait découragé. À la place du sourire accommodant de ses collaborateurs, il aurait préféré lire de l'accablement face aux efforts qu'il annonçait. Dans ces instants, les défis auxquels il est confronté lui semblent insurmontables. Sa mission est comme un bateau gigantesque, entraîné dans les rapides, sur lequel il n'a pas prise. Pour l'instant, il lui semble qu'il va dans le mur.

ATTÉNUER LE CHOC CULTUREL

Il est inévitable, quel que soit votre niveau de préparation. Il ne s'agit donc pas de l'éviter, mais de le traverser au mieux. Quatre secrets pour cela :

- regonfler votre niveau d'énergie en prenant soin de vous et en vous écoutant ;

- rester curieux du pays et de ses surprises ;

- rencontrer du monde et ne pas rester seul ;

- jouer la découverte à petits pas, par exemple en fréquentant d'abord des gens de votre culture…

Rappel crucial : l'expatriation n'est pas un déménagement, mais une transplantation. Ne sous-estimez pas l'effort auquel vous êtes confronté.

La phase d'adaptation

Ce passage difficile dure quelques mois puis se transforme progressivement. Les petites victoires quotidiennes sur l'environnement se font plus fréquentes. Eugenie se sent plus confiante pour demander son poulet au marché et apprécie de plus en plus la courtoisie des Thaïs. Elle est presque capable de marchander ! Quand Louis quitte une réunion, il parvient davantage à évaluer les suites qui en découleront. Son projet, qu'il assimile toujours à un bateau, reste lourd, mais il a une idée plus précise de la façon dont il faut manœuvrer. Il a compris ce que veut dire concrètement de ne pas faire perdre la face à un collaborateur : il ne fait plus de reproches directs en réunion et lorsqu'il a une critique à faire, il se lève, va trouver son interlocuteur en commençant par souligner les progrès accomplis plutôt que d'envoyer un mail « factuel » comme il l'aurait fait en France.

L'étonnement et le découragement ne sont plus les sujets principaux des conversations familiales. Les enfants se sont habitués à ce que les passants s'extasient sur leurs cheveux blonds. Une routine se crée. Le décodage du nouveau pays est en cours.

De même qu'ils apprennent lentement des bribes de thaï, les membres de la famille s'immergent peu à peu dans la réalité locale. Ils en comprennent davantage les non-dits, les valeurs et les modes de fonctionnement.

Lorsqu'un des membres de la famille s'impatiente de ne pas comprendre assez vite ou se plaint de ne pas parvenir à s'intégrer, Eugénie les rassure. « Oui, c'est très fatigant de découvrir un autre pays. Nous devons réapprendre des évidences, comme les bébés. Ce n'est pas très confortable. Alors, concluait Eugénie, comment voulez-vous tout maîtriser en six mois ! Si, au bout de cette demi-année, vous commencez juste à comprendre que votre façon de penser n'est pas celle de tout le monde, c'est déjà formidable. »

LE CONCEPT DE CHOC CULTUREL

Grand voyageur, Kalervo Oberg est l'inventeur de ce concept. D'après lui, ce choc est dû à l'effort constant exigé pour remettre en question chacun de nos réflexes culturels et sociaux. « Quand faut-il serrer la main ou donner un pourboire. Attention, il ne faut pas parler fort. Mais pourquoi cette personne ne me rappelle-t-elle pas ? Ai-je dit quelque chose de déplacé ? À oui, ici, le rez-de-chaussée, c'est le 1 ! » Le choc culturel est avant tout un épuisement psychique lié à un effort intense, et souvent inconscient, d'ajustement[1].

Un cycle vécu en décalé par elle et lui !

Comme vous partez à deux, il vous faut savoir quelque chose de plus. Tout le piment de l'aventure vient du fait que vous allez vivre ces étapes en décalé et de façons différentes, voire carrément inversées.

Décalage d'énergie

C'est là sans doute l'écart le plus important. Celui sur lequel achoppe tous les couples expatriés et que peu d'entre eux parviennent réellement à identifier. Ce passage est utile pour celui des deux qui reste à la maison et qui a souvent le temps de réfléchir à ces enjeux mais ne les perçoit pas toujours tous. Il est indispensable pour permettre à celui qui va se lancer dans le rythme effréné d'une prise de poste à l'étranger de comprendre ce que vit l'autre.

1. Revue Practical Anthropology, 1960, 7, p. 177-182.

PAROLE DE PSY

L'EXPATRIÉ DU COUPLE

Il porte la double responsabilité de la mobilité et du poids financier du foyer. Fortement connecté sur l'extérieur, structuré à outrance dans son planning, il peut se déconnecter de lui-même et par là de sa famille.

Si la fatigue et l'anxiété chroniques s'installent, l'épuisement et le burn-out ne sont pas loin. L'essentiel pour lui est d'apprendre à lâcher prise pour retrouver un équilibre personnel et émotionnel.

Albane Giacon, psychologue psychothérapeute à New York
(www.psychologue-expatries.com)

Occupant un poste important dans un environnement complexe, Louis est stimulé et entouré pendant toute sa journée professionnelle. Lorsqu'il rentre tard le soir, il est assailli par sa femme et ses enfants qui ne le voient pas assez à leur goût. Il faut encore régler des questions administratives pour leur installation. Alors Louis s'arcboute. Il faut être fort. Les premiers mois, pour lui, passent à la vitesse de l'éclair.

Eugénie, elle, s'initie pour la première fois de sa vie à l'oisiveté. Au vide. Elle a lâché son travail. Les enfants sont à l'école. Une jeune femme charmante fait le ménage à la maison. Quelle expérience singulière au XXIe siècle que de ne pas avoir de sollicitations ! Quelques mois plus tôt, elle se serait dit : « Formidable, j'en profite pour faire une masse de choses ! » Elle qui avait rêvé d'avoir un jour du temps pour ralentir, lire, réfléchir, s'ennuyer même, n'avait pas anticipé que temps libre et choc culturel conjugués produisent des effets pervers de fatigue intense et d'aboulie (perte de la volonté).

Alors, inévitablement, lorsque Louis, en mode « c'est intense – je dois faire face », retrouve Eugénie en mode « tout est vide, pourvu qu'il me rende la pêche », la rencontre est flottante.

Décalage d'ego

Si la vie de Louis au bureau est rude, elle est aussi bonne pour son ego. Un chauffeur, un titre ronflant, des saluts obséquieux de ses équipes et des regards langoureux de ses secrétaires. Dans la communauté expatriée, il arrive précédé par son statut de « Monsieur projet majeur pour sa boîte ». Cela vous pose un homme. Parfois à la maison, on le surnomme « Monsieur Super Héros ».

Pendant ce temps, Eugénie est devenue mère au foyer, « femme de », un rôle qu'elle n'avait jamais occupé, et jongle pour redéfinir son identité. Elle culpabilise souvent de ne plus travailler et d'avoir perdu son statut de « femme qui s'assume ». Une question la mine : « En quoi suis-je bonne ici ? » Quand on ne parle pas la langue locale, qu'on se perd trois fois sur quatre quand on sort, qu'on se sent oppressé par la chaleur, qu'on n'arrive pas à faire un dîner correct avec les ingrédients locaux en l'absence de la *maid* et que la pile des problèmes à résoudre ne diminue pas... la réponse à cette méchante question risque d'être désagréable.

Quand Louis rentre, épuisé, mais auréolé de sa gloire professionnelle, pour retrouver une femme dépitée et un rien déprimante, cela lui fait l'effet d'une douche froide. Eugénie le perçoit et cela ne lui fait pas trop de bien. Si elle laisse percer son amertume, peut-être Louis s'étonnera-t-il inconsciemment qu'au bureau tout le monde le trouve si fantastique et que sa femme soit la seule à ne pas être au courant.

Décalage de besoins

Même si elle s'en défend, Eugénie passe ses journées à attendre son mari. Elle manque d'énergie pour entreprendre et bien des questions administratives doivent être traitées par l'expatrié « himself ». Elle ne s'autorise pas d'activités coûteuses alors qu'elle ne travaille pas. Les enfants, un rien déstabilisés, sont difficiles. Plus que tout, elle souffre de solitude et elle a besoin d'une oreille pour l'aider à relativiser, pour la faire rire, pour l'écouter, tout simplement. Nous avons donc ici une femme en attente.

Lorsque, vers 21 heures, la clé tourne enfin dans la porte, elle se retient avec dignité de se jeter au cou de Louis en criant : « Enfin ! », mais elle ne tient pas plus de cinq minutes avant de lui faire la liste de tous les malheurs de sa journée. Alors que Louis, de son côté, n'aspire qu'à un bon canapé pour s'y affaler avec une bière et une femme détendue. Nous avons en face un homme encore dans un esprit bureau : « Ne me parlez pas de problèmes, je ne veux que des solutions, ou sinon, inutile de me déranger. » Prenant sur lui, il cherche des solutions alors qu'elle ne demandait qu'une écoute empathique comme sa meilleure amie saurait si bien le faire pour l'aider à vider son sac. Louis essaie désespérément de résoudre l'avalanche de plaintes de sa femme et il lui en veut de ne pas y arriver.

Le week-end, Eugénie, ragaillardie par la présence de son mari, a retrouvé de l'énergie pour caler toutes les activités qu'elle rêve de faire en famille. Excursions, visites, dîners avec de futurs amis. La voilà enfin active et pimpante, prête à partir profiter du pays et à sortir de son quartier. Dommage, Louis, lui, ne rêve que de repos après ses trois déplacements de la semaine. Au fond de lui, il aimerait aussi sortir son ordinateur pour préparer la réunion de lundi qui s'annonce explosive, mais il n'osera pas, sinon, le week-end serait atomique.

TANTE SOPHIE

À mon époque, nous voyons les choses différemment : j'étais déjà habituée à cette vie de femme au foyer et il me semblait normal de m'effacer pour votre oncle Théophraste. À votre génération, le choc culturel se double de cette découverte d'un nouveau mode de vie. Il est normal que cette transition soit surprenante et angoissante, mais croyez-moi, vous pouvez en faire une expérience passionnante. Combien de couples se réjouissent que l'un d'eux ait eu cette occasion de réinventer sa vie et du coup de reposer leur couple sur des bases plus profondes !

Pendant l'expatriation : vers un nouvel équilibre de couple

Au-delà des six premiers mois, lorsque les expatriés s'installent dans la routine, la transition n'est pas achevée. Les écueils qui menacent habituellement les couples peuvent être exacerbés à l'étranger De nouveaux déséquilibres apparaissent. Des fonctionnements plus harmonieux se révèlent.

Les 7 écueils qui pourront vous menacer

Prenons acte du fait que l'expatriation n'est pas mortelle pour tous les couples et abordons avec sérénité l'épreuve de vérité sur laquelle nous allons nous concentrer : analyser comment les écueils qui guettent tous les couples sont encore plus menaçants à l'étranger. Considérons ce passage comme une visite chez le dentiste ; un moment pénible, mais nécessaire.

Pour ne pas trop malmener Louis et Eugénie, nous allons étudier provisoirement d'autres couples.

L'égoïsme

Haut fonctionnaire brillant, Augustin a déroulé sa carrière efficacement au ministère de l'Intérieur. Intelligent, angoissé, bel homme aussi, il rencontre un grand succès auprès des femmes, jamais durable. Avec l'âge, il a fini par se stabiliser avec Chloé, magistrate passionnée par son métier. Un soir, celle-ci rentre enchantée, car le poste qu'elle briguait depuis des années lui a enfin été proposé. Coup de chance, Augustin a également décroché son Graal. Il a accepté sur-le-champ de devenir consul général à Tombouctou. Chloé est atterrée.

Choquée par cette décision unilatérale, elle refuse de le suivre. Augustin s'envole quand même, mais revient tous les mois, car il est profondément attaché à sa compagne. Autant qu'il en est capable. Au bout de huit mois, leur relation de dix ans prend fin.

REPÉRER LA RANCŒUR

C'est le poison qui insidieusement ronge le ciment du couple. Elle se nourrit particulièrement de toutes les failles cachées dans la décision initiale du départ. Si l'un des deux a eu l'impression de se faire forcer la main, si le moteur du départ n'est pas partagé, alors le ressentiment grandit, parfois de façon décisive.

Les non-dits

Depuis qu'elle est enfant, Emma est discrète et habituée à faire passer les besoins des autres avant les siens propres. Lorsque son compagnon lui propose de le suivre en Angola où il travaillera pour une compagnie pétrolière, elle n'hésite pas. Elle sait combien Arnaud a rêvé de ces responsabilités et combien cela accélérera sa carrière. En se forçant un peu, elle voit bien des avantages pour leurs enfants qui s'éveilleront au monde dans la vie si spéciale du *compound*. Elle a simplement oublié de parler à Arnaud de ses peurs et de sa tristesse d'abandonner son poste d'enseignante.

Pendant les trois ans de leur expatriation, Emma se comporte en femme modèle. Avec efficacité, elle gère l'atterrissage de la famille, facilite la scolarisation anglophone des enfants et s'implique dans la communauté locale. Cependant, elle s'assèche, s'aigrit et se renferme. C'est en vain qu'Arnaud cherche la moindre tendresse dans sa maison impeccablement tenue, même lorsqu'il essaie, sans doute maladroitement, de comprendre le problème.

Pour être en mesure de confier son ressenti, la première personne à écouter, c'est soi-même. Emma est tellement enfermée dans son stoïcisme et ses « il faut que ça aille » qu'elle ne perçoit pas son mal-être. Elle se tait et se raidit. Or, Arnaud aussi est gagné par ce fonctionnement. Ressentant sur ses épaules le poids de toute la famille, il pense ne pas pouvoir se permettre d'avoir peur, d'être angoissé ou de douter. Il joue le rôle du chef de famille invulnérable. Ce faisant, fermé à lui-même, il n'arrive pas à ouvrir la boîte de Pandore de son épouse. Il faudrait pour cela faire preuve d'empathie et il n'en est plus capable.

C'est tout le système de communication de la famille qui est bloqué et gageons que si les enfants se plaignent, ils seront accueillis par une remarque un peu sèche comme : « On sait que c'est dur, mais nous devons tous faire des efforts en ce moment » qui au fil des mois peut devenir « Ça ne sert à rien de se plaindre, fais un effort ! »

Ce n'est qu'au retour, alors qu'une cousine curieuse et fine interroge Emma sur son expatriation devant Arnaud, qu'elle s'entend raconter combien il lui a semblé se sacrifier et combien cette période a été austère. Arnaud comprend enfin ce qu'a traversé sa compagne. Alors leur couple peut mettre des mots sur cette expérience et rebondir. Ces deux-là ont eu de la chance !

PAROLE DE PSY

ÉCOUTE ET DÉCOUVERTE DE SOI

Les conjoints sont appelés à relever un défi de taille : puiser dans leurs ressources émotionnelles pour se réinventer. Telle une thérapie, l'expatriation représente une belle opportunité de se trouver.

Quant à ceux dans le couple qui sont mutés, ils doivent apprendre à lâcher prise et à se désintoxiquer pour retrouver un équilibre personnel et émotionnel.

Finalement, l'expatrié en se mettant à l'écoute de ses nouveaux besoins réalise un voyage inattendu au cœur de ses émotions.

Albane Giacon, psychologue psychothérapeute à New York
(www.psychologue-expatriés.com)

L'isolement

Ariane, pour ses 20 ans, est la plus jolie des enfants… Après une vie trépidante à Paris, elle a choisi de partir avec Fred à Singapour pour y monter ensemble leur entreprise. Ils ont peu de moyens et s'installent dans une banlieue excentrée.

L'activité est lente à démarrer, le couple passe beaucoup de temps devant des ordinateurs pour mettre au point les nouveaux services. En dehors de Fred, l'unique relation régulière d'Ariane est le petit épicier avec qui elle communique par gestes. Eux qui ne dînaient pas deux fois par semaine tous les deux tant leur vie sociale était intense, les voilà enfermés dans un tête-à-tête vertigineux. Ariane déverse sur Fred toutes ses impressions, attendant de lui qu'il lui serve de miroir, qu'il l'aide à mieux se comprendre, à prendre du recul et à relativiser leur situation. Lui perçoit cette avalanche de paroles comme autant de reproches déguisés. L'agacement le gagne, il se hérisse lorsque sa compagne se love contre lui dans le canapé et commence à parler. Pour ne pas laisser transparaître son exaspération, il se tait.

Au bout de quelques mois, Ariane ne sait plus si elle préférerait la solitude totale ou la solitude avec son conjoint ! Quel paradoxe de se retrouver dans un pays si exotique et d'y chercher en vain un peu de nouveauté, de découverte, de stimulation !

Peu à peu le couple se constituera un réseau social puis amical aux alentours. Quelle joie pour Ariane que le premier café en terrasse avec d'autres filles où elle les entendit rire de leurs problèmes et de leurs hommes ! Elle comprit alors que dans sa solitude, elle demandait à Fred d'être à la fois son amant, sa meilleure amie et son psy. Certes aujourd'hui, leur couple sait mieux se nourrir de lui-même, mais ces quelques mois resteront pour eux un mauvais souvenir.

La divergence

Pour parler de l'histoire d'Yves et de Victoria à Vancouver, il faut utiliser une métaphore ferroviaire.

Chacun avançait sur son rail. Peu à peu, leurs chemins ont bifurqué dans des directions incompatibles alors le train a déraillé.

Victoria travaille jour et nuit. Le soir, elle rentre épuisée et écoute plus par devoir que par intérêt le récit des aventures de son mari. Quant à lui, après avoir échoué à retrouver un poste de commercial semblable à celui qu'il avait à Londres, il développe une vieille passion qu'il avait mise de côté et se reconvertit dans la photo. Il s'y découvre un vrai talent. Il rencontre un certain succès avec une exposition sur *Les trognes des tavernes* et se fait beaucoup d'amis sur les lieux de son enquête. Son apparence se métamorphose et ce n'est que la partie visible de la transformation qu'il vit. Un jour, Victoria ne le reconnaît plus et lui ne se voit plus rien en commun avec la cadre dirigeante qu'elle persiste à devenir.

Les identités des deux conjoints ont divergé. Victoria a été renforcée dans son rôle de professionnelle talentueuse. Dans ses nouvelles fonctions, elle a davantage de responsabilités. Elle est reconnue et largement admirée. Yves est en train de révéler une autre facette de lui-même, différente peut-être de celle pour laquelle Victoria l'avait choisi. Dans un sens, elle se sent trahie par l'évolution de son compagnon. C'est un cas de figure fréquent lorsque l'un des conjoints perd son statut professionnel et le ramène à des questions lourdes : « Qu'aimes-tu en moi ? Jusqu'où me laisseras-tu changer pour me rapprocher de ce qui m'épanouit ? »

TANTE SOPHIE

Au-delà de la divergence, je vois aussi la découverte inconfortable qu'il y a toujours une part inconnue chez son conjoint, et que celle-ci n'est pas toujours de son goût. Ici Yves qui découvre en Victoria un conventionnalisme qu'il ne soupçonnait pas. L'expatriation, en permettant à chacun d'évoluer dans de nouvelles configurations, accélère considérablement la révélation de ces écarts qui auraient pu ne jamais se manifester. Mais n'est-ce pas aussi cette découverte de vous-même que vous partez chercher en expatriation ?

La jalousie

Ce n'est pas tant la jalousie externe qui menace particulièrement en expatriation que celle qui s'exerce à l'intérieur même du couple à double carrière.

Depuis douze ans, Camille suit Giovanni de pays en pays. Au départ, ils avaient fait les mêmes études. Camille s'était secrètement réjouie de gagner davantage que son copain dans son premier poste. Puis ils ont décidé ensemble qu'elle le suivrait en pensant que cela lui permettrait de s'occuper des enfants et qu'elle retrouverait facilement du travail. Las, en déménageant les années paires et en accouchant les années impaires, vous êtes capables de trouver du travail, vous ? Insidieusement, Camille s'est mise à s'agacer de la réussite de Giovanni. Certes, il est agréable dans les dîners de crâner sur « la chica qui a encore bousillé un pantalon avec la javel ! », sur le fait que « Giovanni est encore en Asie cette semaine », sur les vacances à l'île Rodrigue « où la plage est vraiment plus belle qu'à Maurice ! » Mais au fond d'elle, Camille pense qu'elle aurait été capable de faire mieux que son mari, même si malheureusement maintenant, ce n'est plus possible et ses reproches envers son conjoint sont amers.

Cette jalousie en s'aigrissant devient de la frustration pure. Elle est nourrie par toutes les angoisses de Camille sur son identité professionnelle perdue, sur sa dépendance financière et administrative, sur sa difficulté à retrouver un sens à sa vie alors qu'elle a toujours jugé insatisfaisante la vie des femmes au foyer.

Pour exprimer sa colère, Camille a deux cibles : l'entreprise qui a expatrié Giovanni et n'a pas fait ce que Camille aurait jugé nécessaire pour l'accompagner, et son mari, que tout le monde semble tant admirer. Or Giovanni a tendance à s'assimiler avec son employeur et prend pour lui tous les reproches qu'elle fait à ce sujet. Alors, il reste de plus en plus tard au bureau où tout le monde le juge si compétent.

POUR LA ROUTE

Avez-vous déjà abordé ces sujets tous les deux ? Comment parvenir à écouter les frustrations de l'autre en les percevant comme des constats et non comme des accusations ?

Les addictions

Pardon, vous tenez encore ? Plus que deux paragraphes et pas les moins tristes, mais c'est presque fini !

L'isolement, les non-dits, la divergence et la jalousie, Pete les a tous fréquentés. L'égoïsme aussi, et de part et d'autre. Il ne peut même pas se confier à ses amis à Londres, car ceux-ci sont convaincus qu'il a vraiment trop de chance d'habiter dans une belle villa à Sao Paulo. Quant à Maggie, pourquoi lui faire de la peine ? C'est lui qui a choisi de la suivre. Il ne va pas saborder le succès qu'elle se donne tant de mal à obtenir en lui demandant de rentrer. Alors, comme les journées sont trop longues quand on est seul et que ses projets n'aboutissent pas, il cherche des dérivatifs pour tromper le sentiment de vide dans lequel il flotte. Pete a maintenant bien des cordes à son arc ! Il abandonne volontiers la frénésie de shopping aux femmes d'expatriés. En revanche, Internet et les réseaux sociaux, indolores, mais néanmoins très efficaces, permettent de passer une journée entière sans sortir et sans trop s'ennuyer. Il se sent moins impuissant en s'immergeant compulsivement dans l'actualité internationale, cela calme son ego. Il a aussi longtemps pratiqué le sport à outrance : s'abrutir à coup de courses haletantes, de tractions luisantes ou de pompes épuisantes, socialement, cela ne passait pas trop mal. En ce moment, comme il n'a plus le courage de se traîner au club de sport, même s'il sait qu'il devrait l'éviter, un peu d'alcool, ça aide. Et puis, un verre de plus, ça ne fera pas tant de mal. De toute façon, pour ce que vaut sa vie ici, autant en redemander un…

TRUCS D'EXPATS

DÉPRESSION ET DÉPENDANCES CHEZ LES EXPATRIÉS

Ce sujet bien connu reste pourtant tabou. Les expatriés ont intériorisé que leur situation personnelle privilégiée leur interdisait de se plaindre. Même au sein de leur communauté, il ne fait pas toujours bon parler de ses problèmes, surtout si on a mal choisi son confident et que celui-ci lutte déjà en secret contre ce sentiment de vide. Ce phénomène qui se limite normalement à un mal-être temporaire peut s'aggraver. Il est indispensable de savoir détecter les symptômes chez soi-même ou son conjoint (mauvaise image de soi, isolement volontaire, fatigue persistante, comportements compulsifs) et de savoir sur quel recours s'appuyer avant que les choses ne dégénèrent.

Le soutien peut venir dans un premier temps d'un ami, d'un membre de la famille dans le pays d'origine ou d'un psychologue, soit dans le pays d'accueil soit par Internet pour parler dans sa langue. Bien des contrats d'expatriation ou tout simplement des mutuelles d'expatriés proposent ces services de soutien.

TANTE SOPHIE

Il y a un sujet qu'on évoque rarement et qui est pourtant réel. J'assume mon rôle de vieille tante et je m'y colle. Je ne suis pas spécialiste, mais je crois que de 10 à 30 % du trafic sur Internet est lié à la pornographie. Or expatriation, isolement, Internet… tout cela va ensemble. Régulièrement des expatriés m'ont parlé de la pornographie comme d'une addiction dont ils n'arrivent pas à se défaire (si pour eux, c'était juste un plaisir, ce n'est pas à moi qu'il le raconterait !). Il me semble que ce sujet ne doit pas être tabou et qu'il peut être traité de la même façon que les autres dépendances. Voilà, c'est dit !

L'infidélité

L'adultère n'est pas le risque capital, dans le sens de « celui qui est à l'origine de tous les autres maux ». Il en est plutôt la conséquence.

Certains contextes géographiques sont plus risqués pour les liens conjugaux que d'autres. Beaucoup d'expatriés dans les pays scandinaves ont été étonnés par le peu d'importance accordé à l'adultère et au divorce. « Le pire, raconte Marianne, c'est que personne ne me plaignait, ils trouvaient tous cette situation normale ! »

Dans d'autres cultures où la vie des femmes est rude, il n'est pas rare de voir des locaux chercher par tous les moyens à obtenir la sécurité financière que garantit un conjoint occidental. Savoir garder son conjoint est un combat et il faut s'y préparer. Nessie, jeune Kazakhe mariée à un Italien divorcé pour elle, le justifie ainsi : « Le problème en Europe, c'est que les femmes ne savent plus s'occuper des hommes. Elles leur font peur. Alors que nous, nous savons les aimer comme ils en ont besoin. » Vous voyez les débats inattendus que peut susciter la rencontre d'autres cultures !

Lorsque les communautés expatriées vivent en cercle fermé reproduisant dans les cas extrêmes les conditions de vie des étudiants sur les campus, renouant avec délice avec les soirées incessantes de leur jeunesse, il n'est pas rare de voir éclater des vagues de séparations à la suite de liaisons nées d'amitiés fusionnelles entre couples. L'éloignement peut aussi faire valser des repères qui semblaient essentiels. Marie-Claire n'y a pas résisté. À la place de la grisaille, de son petit appartement, de sa vie routinière, voilà le « *thrill* » de la Big Apple, la liberté à portée de main, les soirées new-yorkaises « *over the top* ». Trop beau pour être vrai ! Son mari est toujours dans l'avion. À 5 000 kilomètres de chez elle, les valeurs de son milieu très conservateur lui ont semblé tout à coup bien étranges. La mère de famille rangée perd toute inhibition et collectionne les conquêtes.

PAROLE DE PSY

LA CRISE DE MILIEU DE VIE

Lorsque survient le « démon de Midi », les couples formés en suivant les modèles parentaux (ou contre eux) sont tout à coup perçus comme fades et certains se laisseront séduire par l'exotisme et des expériences amoureuses plus ou moins frénétiques avec pour moteur l'espoir de tout recommencer dans un ailleurs où l'herbe serait plus verte.

Elisabeth Niollet, psychologue et ethnoclinicienne – Expatriation et Migrations

Pas de chance, l'époux de Marie-Claire ne s'accommodera pas du tout de ce revirement. Retour illico à Poitiers. Divorce et dépression des deux côtés dans la foulée.

TANTE SOPHIE

Oh, mes chéris ! Mais c'est insupportable cette litanie ! Est-ce vraiment nécessaire ? Juxtaposer ainsi tous les problèmes possibles donne l'impression qu'ils vont tous inéluctablement se jeter sur vous comme les criquets sur l'Égypte. C'est dit plus haut, il n'y a probablement pas plus de divorces en expatriation que dans la vie sédentaire. Oui, le fait de s'arracher à son cocon crée des risques, mais chaque couple peut en venir à bout. Et puis, permettez-moi de vous le rappeler, la vie sédentaire n'est pas non plus une sinécure pour les amoureux ! La routine tue la passion, le voyage la secoue et la stimule !

Les sujets de déséquilibre : argent, pouvoir et sexe

Oui, le voyage secoue et l'expatriation met à bas les modes de fonctionnement souvent tacites de bien des couples. Rarement abordés avant le départ, ces aspects sont pourtant des sujets chauds et doivent être redéfinis.

La dépendance financière

Chacun son compte en banque avec une contribution précise aux charges du ménage, ou bien compte commun ou bien une synthèse des deux… Les équilibres définis avant le départ quand les deux travaillaient sont remis en question s'il n'y a plus qu'un revenu. Comment gérer alors cette nouvelle situation complètement déséquilibrée où un seul pourvoit aux besoins de toute la famille ? Retrouvons Louis et Eugénie et analysons leur évolution.

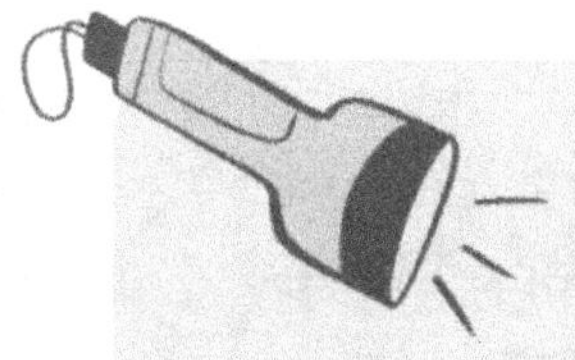

CHIFFRES CLÉS
Le plus dur à vivre pour les conjoints

Pour 61 % des femmes francophones en expatriation, le plus difficile à vivre est la perte de leur autonomie financière.

Eugénie compte bien trouver une activité, mais elle ne se fait pas d'illusions ; ce ne sera jamais vraiment rentable, en tout cas, rien par rapport aux énormes besoins d'une famille en expatriation. Que faire alors ? Lorsque Louis lui proposa de verser son salaire sur un compte commun pour la famille et de donner à Eugénie une « allocation mensuelle » pour ses besoins à elle, il se trouva fin et généreux. À sa grande surprise, Eugénie explosa, expliquant qu'elle refusait son « argent de poche » qui la ramenait aux années compliquées où elle vivait des maigres mensualités de ses parents. Après une longue discussion, ils décidèrent de se contenter d'un compte commun, car quelle que soit la solution, Eugénie se sentait mal à l'aise. Le sujet revient avec force des années plus tard lorsque Louis parla d'acheter un appartement avec l'épargne qu'ils avaient accumulée. Lorsque Eugénie comprit que, dans la tête de son conjoint, il serait majoritairement propriétaire puisque c'était son salaire à lui qui finançait l'opération, elle trouva cela profondément injuste. Il fallut du temps pour qu'ils parviennent à en parler, pour qu'Eugénie ose dire sa frustration, pour que Louis comprenne qu'il fallait trouver un moyen d'assurer une partie de la retraite de sa femme. Finalement, la majorité des parts de la maison fut pour Eugénie, afin d'assurer des revenus complémentaires à sa retraite pleine de trous.

TRUCS D'EXPATS

LA PROTECTION PATRIMONIALE DU CONJOINT ACCOMPAGNATEUR

Si la question financière est occultée par les couples qui partent, elle revient avec force dans les moments de crise. Chaque couple a ses équilibres de départ et son rapport avec l'argent. L'expatriation va cependant toujours poser la question de la protection sociale, de la retraite et de la dépendance du conjoint accompagnateur.

Il est donc indispensable de vérifier ces points avec des experts. La Caisse des Français de l'étranger, CFE est une bonne porte d'entrée pour aborder ce sujet complexe.

Lorsque Eugénie broyait du noir en expatriation, lorsqu'elle se laissait aller à reprocher à Louis les sacrifices qu'elle avait consentis pour lui, elle se serait sans doute sentie moins amère si elle avait pu être sereine sur les dispositifs qu'il avait pris pour la protéger.

Le pouvoir au sein du couple

Avant le départ, ce thème du pouvoir au sein du couple semblait inconvenant à Eugénie. Quand on s'aime, il ne saurait être question de pouvoir ! Pourtant, lorsque se dessinent les grands changements, certaines réalités sont indéniables : Eugénie devient tributaire du travail de son mari, et donc de Louis pour les questions financières, mais aussi pour l'information sur leur prochaine destination, pour les conditions d'expatriation ou pour la durée du séjour de la famille.

En revanche, Louis étant accaparé par son poste et se déchargeant sur elle de toute la logistique familiale, Eugénie règne sur la maison et se rend compte qu'elle admet de moins en moins que Louis s'immisce dans les problèmes des enfants, dans l'ameublement de la maison et même parfois dans le choix des activités du week-end. Une faible compensation à son goût qui reflète une nouvelle spécialisation des rôles pour leur couple. « Il me semble être revenue aux années 1960 », s'indigne-t-elle. Dans son cas, il s'agit plutôt d'agacement et de mauvaise foi, ce qu'elle reconnaît bien volontiers quand sa colère retombe, car toutes les décisions importantes sont prises conjointement entre eux deux. Elle est convaincue que Louis est absolument transparent lorsqu'il partage ses informations avec elle et qu'il prend en compte son avis autant que le sien. Elle est plus frustrée d'être dépendante de la situation professionnelle de Louis que réellement soumise à son mari, mais elle est vigilante, car elle a accompagné des amies dont les couples avaient été complètement déstabilisés par cette dépendance.

Elle veille à maintenir sa capacité à rebondir professionnellement, à rester au courant de leur situation financière, à demeurer conjointement avec Louis à la barre du navire familial.

Enfin, le déséquilibre peut provenir de facteurs externes et notamment du droit local. Voici une liste des points qu'Eugénie n'aurait jamais eu l'idée de creuser.

PAROLE D'AVOCAT

3 NOTIONS DE DROIT INTERNATIONAL DE LA FAMILLE À APPROFONDIR

1. Votre situation matrimoniale

Votre situation permet-elle l'obtention d'un visa (pacs, concubinage) ? Si vous n'avez pas signé de contrat de mariage, quel sera réellement votre régime matrimonial dans votre pays de destination ? Attention, le fait de passer plus de dix ans dans un pays aura pour conséquence, aux yeux d'une juridiction française, de changer le régime légal applicable en faveur de celui du nouveau pays.

2. Les conséquences d'une séparation ou d'un divorce

Quelles sont les règles applicables en cas de divorce. Selon le droit applicable, elles peuvent être très éloignées de vos valeurs. Il peut être utile de convenir à l'avance de ce que les parents estiment préférable pour les enfants en cas de séparation.

3. Faire un testament

En cas de décès dans un autre pays les règles successorales applicables peuvent être radicalement différentes.

Dans tous ces cas, renseignez-vous auprès de votre notaire ou d'un avocat spécialisé, c'est important !

Isabelle Rein-Lescastereyres, avocat en droit de la famille
au sein du cabinet BWG Associés

Rien de bien sexy dans tout cela, mais c'est lorsque tout va bien qu'il faut prévoir le pire.

La libido en expatriation

Forcément, ces ajustements ont un impact sur la vie sexuelle des couples expatriés. Après dix ans de vie commune, Louis ne parvient toujours pas à dire si c'est la qualité de leur vie sexuelle qui conditionne leur vie de couple ou si c'est parce que tout va bien par ailleurs qu'ils s'épanouissent davantage dans leur intimité. Il peut juste témoigner qu'au long de leur parcours d'expatriés, il a remarqué plusieurs phases. D'abord que l'exotisme est excellent pour la libido. L'enthousiasme de la découverte rapproche et stimule. Ce sont des bons moments dont le souvenir fut utile pendant l'austère période du choc culturel où Eugénie était perdue, fatiguée et déprimée. Comme après une naissance, le fait de ne plus trouver sa place dans son couple, et dans sa vie en général, peut entraîner une nette baisse du désir. Le décalage était alors criant entre Louis, sûr de lui, de son pouvoir et au mieux de ses moyens, et sa femme, privée de son énergie et agacée par la fougue de son conjoint. Par la suite, la crise s'estompe et comme toujours, la vie est faite de hauts et de bas. Louis a remarqué que les climats chauds, la plage, les robes légères le rapprochaient de sa femme, mais il a été surpris de voir que c'était aussi le cas des soirées festives pendant les hivers glacials. L'enjeu est toujours le même : le décalage. Il a appris que quand il revient de ses voyages d'affaires, sa femme a besoin de quelque temps pour se laisser apprivoiser alors que lui est tout à son enthousiasme de la retrouver. Il sait maintenant que l'angoisse la pousse vers lui, mais lui coupe les ailes à lui. Qu'une incompréhension sur l'oreiller se traduit en colère le jour suivant. Que dans une période compliquée, une grande étreinte permet de se sentir plus forts que toutes les difficultés du monde.

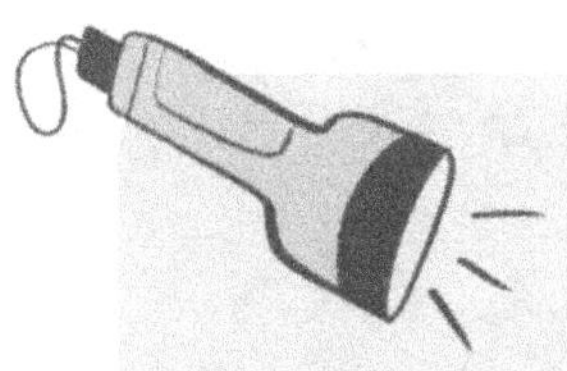

CHIFFRE CLÉ

L'expatriation stimule-t-elle la libido ?

Hommes et femmes sont unanimement mitigés : 55 % estiment que non. Tristes tropiques !

Quand l'aventure tourne mal

Même si l'on prend acte du fait que l'expatriation est globalement favorable au couple, il n'en demeure pas moins qu'elle suscite bien des crises et que les divorces qui ont lieu en expatriation sont particulièrement complexes et douloureux.

TANTE SOPHIE

Beaucoup assurent que l'expatriation renforce les couples solides et fragilise ceux qui vont mal. J'accepterai avec plaisir cette affirmation le jour où l'on me fournira une définition claire du couple solide. J'ai été si souvent surprise en voyant exploser des couples que tous pensaient exemplaires ! Et tant d'autres qui avançant cahin-caha font leur chemin durablement.

Pour résoudre les difficultés, la priorité doit aller à la prévention, évidemment. Mais que faire quand il est très tard ? En cas de crise, vous trouverez presque partout des conseillers conjugaux ou des psychologues pour vous épauler. Si dans votre ville vous ne trouvez pas de professionnels d'une langue que vous maîtrisez vraiment bien (les accueils francophones et les consulats fournissent la liste de ceux qui parlent français), vous pouvez aussi passer par les réseaux d'assistance à distance. Ceux-ci sont peut-être même pris en charge par votre mutuelle. Si votre vie de couple vous fait trop souffrir, consulter permet de trouver un meilleur équilibre, à condition de réagir avant que la situation ne soit irrémédiable.

Néanmoins, parfois la séparation est inévitable parce que la vie du couple est devenue impossible ou lorsque l'un des conjoints a décidé de refaire sa vie autrement. Inutile à ce stade de rappeler que ces situations doivent être anticipées. Nous le savons tous et pourtant le mettons si mal en pratique. C'est comme si le fait d'envisager le pire risquait de le faire advenir, ou comme si c'était manquer de confiance en l'amour. Est-ce par insouciance ou, enfin, juste parce qu'on n'a pas pris le temps ? Donc, évidemment, si vous lisez ces lignes à temps, renseignez-vous. S'il est trop tard, voici les remarques que nous avons récoltées.

EN CAS DE SÉPARATION

Malheureusement lorsque se profile un divorce international, si l'un a pris l'initiative isolément, l'autre part avec un handicap. Notamment les femmes dans des pays de droit islamique, les pères dans des pays de droit germanique ou la fortune du mieux loti des deux dans les pays anglo-saxons. Si une crise advient, consultez d'urgence un avocat en droit international de la famille.

Parfois les questions de garde d'enfant sont inextricables. Le mieux est généralement de revenir à deux pour bénéficier d'un soutien familial et que les enfants puissent trouver des marques stables, mais ce n'est pas toujours possible. Faut-il alors choisir de revenir dans son pays et de priver les enfants de l'un de leurs parents ? Combien est dur alors le retour en solo ! Dans d'autres cas, des conjoints décident de rester dans un pays qui n'est pas le leur pour rester proches de leurs enfants. Il n'y a que des cas particuliers, mais, en général, la dimension internationale complique le processus de reconstruction, car au deuil de son couple s'ajoutent un déménagement, un retour, des difficultés financières et administratives accrues.

TANTE SOPHIE

Juste un mot pour ceux qui se retrouvent en solo avec un passé qui fait mal, un présent vide et un avenir qu'ils ne veulent pas imaginer. Mes neveux et nièces qui sont passés par là ont alterné des moments d'héroïsme pour faire face, régler les questions pratiques, assurer le quotidien des enfants avec des moments de larmes et d'abandon. Laissez-vous entourer. L'orgueil en prend un coup aussi, mais vous ne pouvez pas tout assurer seul(e). Et lâchez prise. Votre volonté vous fera tenir, mais c'est le temps qui console.

7 secrets des couples qui ont su résister aux remous

Voilà trop longtemps que nous baignons dans le drame et les problèmes. Notre but n'est pas de vous faire renoncer à l'expatriation ! Il est temps d'aborder le côté lumineux de la force ! Ce chapitre repose sur des interviews de centaines de couples expatriés ainsi que de spécialistes de l'expatriation, coachs, conseillers conjugaux, responsables des ressources humaines ou psychologues. Tous insistent sur le fait qu'il n'existe ni couples sans heurts ni trucs infaillibles. C'est avec tristesse que je vous annonce donc que vous ne trouverez pas ici de recette miracle pour que votre couple traverse paisiblement l'expatriation. Pas plus qu'il n'existe de technique pour s'assurer d'une mer plate en mer. L'important est d'apprendre à naviguer par tous les temps.

Pour cela, nous vous proposons de suivre le parcours d'un couple canadien, Thaïs et Martin, et de profiter de l'expérience qu'ils ont acquise au cours de leurs vingt ans d'expatriation en famille. Ils sont partis jeunes amoureux en Australie, se sont mariés au Tchad, ont eu leurs deux enfants en Côte d'Ivoire et vivent aujourd'hui en Malaisie.

Communiquer en vérité

Le premier de leurs secrets peut paraître bien galvaudé. Communiquer. Soyons honnêtes, c'est une tarte à la crème. Pourtant, vous l'avez vu à travers les exemples précédents, que de crises nées d'une mauvaise communication, au sein du couple en général, et en expatriation en particulier !

Il ne suffit donc pas de déclarer de façon catégorique « communiquons » pour aplanir les difficultés. Au mieux sera-t-il possible alors de parler. Communiquer, c'est autre chose.

Trois facteurs compliquent le dialogue en expatriation.

D'abord, le temps disponible est souvent très limité, soit du fait des déménagements, soit du fait du rythme de travail des expatriés. Les conjoints sont souvent séparés géographiquement. Inutile de dire qu'avec cinq heures de décalage horaire et par téléphone, l'échange d'émotion est plus compliqué. Or, il y a une quantité astronomique de problèmes à régler et d'actions à terminer qui généralement s'ajoutent à un quotidien encore très chargé, si bien que trouver du temps pour se poser et parler est un challenge ambitieux.

Ensuite, forcément, ce sont toujours les aspects pratiques et simples qui prennent le devant : les visas, la fenêtre qui fuit, voire les croquettes du chien ; ce sont ceux que l'on peut traiter et dont l'échéance est claire. Les questions vraiment essentielles sont rarement explicitées et se cachent derrière des déclarations apparemment factuelles (un patron désagréable, l'agitation des enfants). L'angoisse, la peur, le sentiment d'impuissance qui sont prégnants dans ces périodes se disent peu et souvent à travers des périphrases. Dans ce tumulte, quel est le conjoint parfait qui comprendra que « j'ai du mal à rassurer les enfants » signifie : « J'ai besoin de te confier mon inquiétude, car elle est si grande qu'elle déteint sur les petits, écoute-moi ! » Et même si ce conjoint modèle décode cette demande alambiquée, prendra-t-il le temps de la discussion ? « Eh bien, ma chérie, on dirait que notre aventure te stresse de plus en plus... »

Enfin, la communication dans le couple serait plus facile si chacun savait où il en était. Hélas, si se parler en couple est un art, c'est qu'il est d'abord difficile d'être clair vis-à-vis de soi-même ! C'est déjà complexe en temps normal pour tous les couples, alors... imaginez en plein milieu d'un chamboule-tout émotionnel avec toutes les questions identitaires que nous avons vues ! Mettons que Thaïs soit très fine et qu'elle ait perçu le stress de Martin. « Que se passe-t-il pour ton poste ? Cela aura-t-il beaucoup d'incidences pour ta mission ? » Martin a encore peu d'information, il est crispé, il ne veut pas inquiéter inutilement sa femme, il n'a pas envie d'y penser. « Laisse tomber, je n'aurais pas dû t'en parler. »

DES RENDEZ-VOUS POUR SE PARLER

TRUCS D'EXPATS

Ce n'est pas quand l'océan est déchaîné qu'il faut prendre le temps d'une discussion de fond sur le sens de la vie. Le fait de prévoir des escales pour discuter est précieux dans ces périodes mouvementées.

Martin témoigne : « à certains moments, je ne la supportais plus, mais comme je savais que nous avions ce moment réservé pour parler, je n'explosais pas, enfin pas trop. Quand venait notre dîner à deux, le calme était revenu et je pouvais lui dire ce qui vraiment n'allait pas, sans la colère et l'énervement. »

« C'est aussi un moyen de faire le point en profondeur et d'aborder des sujets qu'on n'évoque jamais », complète Thaïs.

Appliquer les trois formules magiques

Bien des couples citent avec leurs mots des pratiques équivalentes à celles que Tante Sophie systématise à sa façon :

TANTE SOPHIE

C'est une de mes idées fixes. Mes neveux me trouvent « has been » avec mes trois formules magiques que je leur matraque. Pourtant, je crois bien qu'ils m'ont entendue, car je les vois les utiliser ! C'est tout simple. Et si efficace ! Se dire régulièrement l'un à l'autre « merci », « pardon », « s'il te plaît ». Non, je ne vous prends pas pour des enfants. Je vous assure que pour l'oncle Théophraste et moi, cela a été décisif.

• L'idée la plus fréquente est de savoir se demander pardon. Pour Thaïs, c'est aussi un conseil hérité de sa grand-mère : « Ma chérie, ne te couche jamais fâchée à côté de ton mari sans vous être réconciliés. S'il est trop bête pour faire le premier pas, alors excuse-toi d'abord. Même si tu n'es pas 100 % sincère, cela amorcera les retrouvailles. » Thaïs n'applique pas toujours ce conseil parce qu'elle a l'impression que Martin ne prend jamais l'initiative. Cependant, elle y pense lors des couchers dos à dos et finit par tendre une main vers lui, au moins pour lui dire bonsoir. « Pardon », c'est quand elle est bien lunée.

• Derrière le « merci », il peut y avoir deux messages. « Merci pour ce que tu fais » pour moi, pour nous, pour la famille. Cette phrase fut un baume pour Thaïs quand elle n'allait pas bien en Afrique. Le fait que Martin la remercie souvent pour ce qu'elle faisait à la maison lui a permis de retrouver son estime d'elle-même. « Merci d'être ce que tu es », lui répète-t-il aussi souvent. Longtemps, Thaïs avait trouvé cette phrase étrange. « Comme si j'y pouvais quelque chose d'être ce que je suis ! » Pendant une période difficile, Martin lui avait reproché de ne plus faire d'exercice, de grossir et « de ne plus ressembler à rien ». Lorsque pendant un dîner à deux qu'ils firent peu après, Martin, adouci et confus, la remercia pour tout ce qu'elle était à ses yeux, citant les qualités pour lesquelles il l'avait aimé au premier jour et d'autres qu'il avait remarquées récemment, Thaïs fit celle qui était encore un peu fâchée, mais sa tristesse avait fondu.

• Enfin, le « s'il te plaît » peut paraître le plus simple. Lorsqu'il survient après le « merci » et le « pardon », alors, il prend une tout autre dimension. Si le dialogue est vraiment établi de cœur à cœur, alors il ne s'agit plus d'établir une liste au Père Noël. L'idée est de lui exprimer ce que l'on aimerait lui voir faire ou améliorer. Thaïs et Martin trouvent que cet exercice est le plus difficile des trois. Souvent, ils oublient le « s'il te plaît » et tombent dans une liste de reproches. « Ras le bol que tu rentres aussi tard », « Notre chambre est un bazar noir à cause de tes affaires »… À force de déraper, ils ont trouvé d'autres formulations et s'exercent à dire plutôt l'effet que ces actions ont sur eux. « Quand tu n'es pas là à 8 heures, je n'arrive pas à coucher les enfants. S'il te plaît, pourrais-tu rentrer plus tôt certains soirs ? » « Quand ma chambre est mal rangée, je me sens mal. C'est comme si… Comment te dire… » Comment dire ? C'est bien la question et c'est en cela que Thaïs et Martin trouvent cette formule exigeante. Il est tellement plus simple pour eux de hurler que de descendre au fond d'eux-mêmes pour exprimer et surtout comprendre leurs propres sentiments ! Pourtant, ils ont souvent constaté l'efficacité de ce mode de communication, donc même s'ils ne sont pas très doués, ils essaient régulièrement.

TANTE SOPHIE

Vous voyez que ma méthode n'est pas complètement désuète. Beaucoup de couples la recommandent. Essayez, vous verrez… Au moins, c'est simple à retenir.

Apprivoiser le fait de dépendre l'un de l'autre

L'air du temps favorise l'épanouissement individuel, au sein du couple comme ailleurs. Le problème est que si chacun cherche son compte à tout moment dans une logique comptable alors l'attelage risque d'être provisoire. L'expatriation est un exercice périlleux, car forcément, lorsque toutes les cartes sont rebattues, il y a des gagnants et des perdants à court terme. Si tous insistent sur la nécessité d'avoir les yeux ouverts et de veiller à la sécurité, notamment financière, de chacun des conjoints, les vieux routiers de l'expatriation se retrouvent sur l'importance d'accepter de dépendre l'un de l'autre.

L'objet du prélude de ce livre est de faire un inventaire, non exhaustif, des renoncements et des équilibres possibles. Or on l'a vu, dans l'immense majorité des cas, dans la mobilité un conjoint conservera, voire souvent améliorera, son statut professionnel et l'autre d'une façon ou d'une autre devra faire d'importants renoncements sur ce plan et financièrement.

POUR LA ROUTE

En quoi dépendez-vous l'un de l'autre ? La dépendance est-elle pour vous un gage d'amour ?

Quand vous faites ensemble un compromis, êtes-vous sensible aux renoncements de l'autre ? Et à l'inverse, vous arrive-t-il de vous prévaloir de vos « sacrifices » pour des décisions que vous avez complètement assumées ?

Thaïs et Martin étaient partis sur un modèle de réciprocité comme Tic et Tac : Martin serait muté la première fois, puis ce serait à lui de suivre Thaïs. Au bout de trois ans, ils ont dû convenir que, dans leur cas, ce modèle n'était pas viable ; la carrière de Thaïs avait trop pâti de leurs trois ans à Sidney où elle avait eu du mal à trouver du travail. C'est donc Martin qui est devenu le meneur géographique. Thaïs a dû accepter un équilibre qui lui semblait impossible : dépendre financièrement de celui qui, entre-temps, était devenu son mari.

Ils ont évalué les risques pour chacun, et notamment pour elle. Martin accepte de prendre sur son dos le poids financier de la famille, ce qui l'oblige à une certaine ambition professionnelle. Thaïs sait que sa subsistance est assurée par divers placements financiers et immobiliers en cas de problème. Cependant, elle prend le risque de revenus très faibles pour de longues années. Au grand étonnement de son entourage qui ne l'imaginait pas accepter une telle situation.

Comment a-t-elle accepté ce risque ?

En cheminant ainsi ensemble de pays en pays, Thaïs et Martin ont inversé leur mode de pensée. Au départ, dans leurs raisonnements, une petite voix susurrait toujours : « Oui, mais le jour où l'on ne sera plus ensemble. » Petit à petit, ils ont accepté, selon leurs mots, de « tricoter leur avenir ensemble », de se faire confiance et de ne pas comparer leurs renoncements ou leur participation aux corvées de la vie familiale.

N'enjolivons pas cependant ! En arrivant en Afrique, dans un *compound* où il serait impossible pour elle de travailler, Thaïs sentit une chape de frustration s'abattre sur elle. À ce moment de leur vie, l'équation semblait évidente : Martin grand gagnant, Thaïs K-O.

Elle a pu résister parce qu'elle avait suffisamment confiance dans leur capacité à être heureux ensemble à long terme pour trouver du courage dans ce moment pénible et parce que cette situation s'inscrivait dans l'ensemble des éléments que nous décrivons ici.

TANTE SOPHIE

J'insiste sur deux points : d'un côté, sur le plan financier, chacun contribue selon ses possibilités aux charges du couple, mais il y a beaucoup de façons de le faire. Il ne s'agit pas de compter en dollars ou en euros ; nous étouffons de cette valorisation financière de tant de pans de notre vie. Accepter de suivre son conjoint, gérer l'intendance familiale, assurer une présence d'amour au quotidien auprès des enfants, renoncer à un certain type de carrière, c'est une contribution importante qu'il faut valoriser. D'autre part, tout cela ne se fait pas sans tensions, crises et doutes. Enfin, redisons-le, on ne vit pas que d'amour et d'eau fraîche et il faut anticiper les coups durs. Alors banquier, notaire, avocat... qui est votre partenaire ?

Définir un projet commun et un projet chacun

Aux yeux de Martin, initialement, tout cela avait un certain charme suranné, mais ne pouvait lui convenir. Nous voilà revenus aux pires heures de l'Angleterre victorienne. Cela se termine avec un homme macho-débile, une épouse soumise dépressive, des enfants apeurés. Raisonnons entre gens du XXIe siècle si vous le voulez bien. La valeur du jour, c'est l'égalité femme-homme.

Après quatre mobilités, vingt années de vie commune, seize ans de mariage, deux enfants et deux chats plus tard, il n'a pas changé d'un iota sur ce dernier point. Il ne dérogera jamais à l'égalité. Il a seulement enrichi son jugement.

Si l'expérience africaine avait été si difficile, c'est que Thaïs s'y était sacrifiée, pensant que cette étape serait profitable pour Martin, les enfants, et donc leur couple. Or ce qui est bon pour la famille n'est pas forcément bon en tout pour chacun. Après neuf mois d'endurance stoïque, la jeune femme ne parvint plus à faire bonne figure et s'effondra. Martin comprit alors l'urgence de l'aider à trouver sa voie à elle dans cette expatriation. À partir du moment où Thaïs trouva un poste à la chambre de commerce franco-tchadienne, elle retrouva son énergie, sa joie et, paradoxalement, plus de disponibilité pour ses enfants.

Tous les trois ou quatre ans, Thaïs et Martin ont changé de pays. Chaque fois, ils ont dû rediscuter les mêmes questions. Et ta carrière, et la mienne, et la scolarité des enfants, et la qualité de vie pour eux, pour toi, pour moi, pour nous deux, pour nous tous… Ils ont appris à mieux comprendre les conditions de leur équilibre : un projet commun et un projet chacun.

Il se trouve que pour Thaïs, la « voie » passa par un poste salarié. Pour d'autres, ce peut être par l'art, par la création d'entreprise ou le bénévolat. L'expatriation permet d'élargir sa palette en découvrant de nouvelles activités ou d'autres façons de les pratiquer. Dans tous les cas, la mobilité permet aux couples de comprendre combien, pour que tous soient heureux, il est nécessaire que chacun ait trouvé sa voie.

PAS DE DONNANT-DONNANT MAIS DES SOLUTIONS GAGNANT-GAGNANT

Après vingt ans d'expatriation, pour Martin, l'égalité demeure donc une notion fondamentale dans un couple, simplement la vision qu'il en a évolué. Il parle maintenant d'égalité dans la différence. Il ne s'agit plus d'égalité de salaire, mais de deux voix égales dans toutes les décisions du couple. L'essentiel étant de s'assurer que chacun avance vers ce qui lui convient, en incluant dans l'équation le couple, la famille et le long terme.

Oublier les couples parfaits et l'expatriation Photoshop !

Parmi les ennemis du couple en expatriation, il en est un redoutable. Séducteur et pourtant destructeur. Je veux parler de Photoshop. Ou, plus exactement, de l'expatriation et des couples « photoshopés ».

Les expatriés sont particulièrement confrontés au besoin éternel de se comparer et à celui plus contemporain de mettre en scène sa vie quotidienne en l'enjolivant sur les réseaux sociaux.

Avant de partir à Sidney, Thaïs avait suivi les récits de nombreux amis expatriés. C'était alors les cartes de vœux qui assuraient la communication des familles. Enfants bronzés et couples complices sous les cocotiers. Lettres collectives décrivant des aventures épicées au dénouement toujours positif.

Six mois après son arrivée, en plein choc culturel, face à une communauté expatriée chez qui avouer ses doutes était une question taboue, Thaïs s'imagina donc être une ratée de l'expatriation. L'aventure souriait à tous, sauf à elle, et ce sentiment d'échec aggravait encore son malaise.

TRUCS D'EXPATS

COMPRENDRE L'ENVERS DES CARTES POUR NE PAS SE DÉVALORISER FAUSSEMENT

La façade glamour qui s'affiche sur les réseaux sociaux ou dans les soirées locales, ce qu'on appelle l'« expatriation Photoshop », cache aussi des lézardes. Rien de mal en soi à passer un peu de vernis sur la photo, comme on maquille un visage fatigué ! Le problème se pose lorsque ce maquillage aboutit à imposer l'idée d'une expatriation paradisiaque en niant les aspects plus arides. Le meilleur truc pour parler de l'envers du décor est l'humour. Les blogs d'expats en sont émaillés. Puis avoir de bons amis avec qui parler franchement est un grand réconfort.

De même qu'une vue trop idéalisée complique l'expatriation, une représentation trop parfaite du couple est toxique.

À l'heure du développement personnel, il est devenu essentiel de « réussir son couple », comme il est primordial de faire du sport ou d'avoir une silhouette fine.

Le problème est que réussir son couple ne signifie rien. Cela veut-il dire de ne pas divorcer ? Mais un couple peut avoir un fonctionnement absolument pathologique et se maintenir dans la durée. Est-ce alors de ne pas avoir de problèmes ou de ne pas se faire souffrir ? Mais qui peut dire qu'il n'a jamais fait souffrir son conjoint ?

Thaïs et Martin aspiraient à une union parfaite, s'identifiaient à des couples qu'ils pensaient exemplaires et il leur semblait que leurs conflits allaient les mener droit au divorce. L'atmosphère était devenue si électrique chez eux qu'ils consultèrent une conseillère conjugale, persuadés que leur situation était quasiment désespérée. Lorsque l'accompagnatrice leur assura qu'ils étaient juste au milieu d'une phase naturelle d'ajustement et que leur vie de couple ne serait qu'une succession de secousses de ce type, ils furent à la fois consternés de perdre leur idéal d'harmonie familiale, et rassurés de se savoir bien portants.

PAROLE DE PSY

LES RÉAMÉNAGEMENTS AU SEIN DU COUPLE

En expatriation, ils se vivent en accéléré, ce qui explique la force des couples déjà entraînés à cet exercice. En effet, un couple fusionnel, cristallisé sur un mode de fonctionnement statique, n'est pas prêt à affronter la vague de bouleversements inéluctables induits par un séjour à l'étranger. Dans un tel contexte de vie, la souplesse de l'entité vivante que forme le couple est un véritable atout.

Adélaïde Russell, psychologue et life coach

Dernier stade du déni de réalité, la situation de tant de couples au fonctionnement figé qui se nient à eux-mêmes les difficultés qu'ils rencontrent. Ces couples « parfaits », ces « blonds de l'intérieur » comme dit Thaïs, se préparent dans bien des cas des crises sérieuses. Comme pour la croûte terrestre, lorsque deux plaques vont dans des directions différentes sans s'ajuster, pendant un certain temps, en apparence tout est calme, mais lorsque la tension atteint un certain seuil, survient un tremblement de terre destructeur. Il vaut mieux des secousses fréquentes et légères qu'un tsunami ! Des disputes régulières (et modérées) sont préférables à une violente crise de milieu de vie.

Prendre du temps pour développer son couple

S'il est très riche pour un couple, surtout jeune, de s'éloigner de son entourage pour se construire à deux en expatriation, cela signifie aussi qu'il est coupé de ses repères familiaux et culturels, de tout cet apprentissage qui se fait de façon informelle lors des discussions avec les jeunes tantes ou en voyant vieillir les frères et sœurs des amis. Comment alors acquérir ces vieux tuyaux qui font grandir les couples ?

TANTE SOPHIE

Une de mes très jeunes nièces se plaignait : « La vie est mal faite. Tu passes ton temps à nous dire que s'aimer durablement n'est pas que naturel. Toi, tu sais tout sur le couple, tu as l'expérience et la sagesse, mais l'oncle Théophraste est mort, donc, cela ne te sert plus trop ! Charly et moi, nous aurions besoin de savoir nous aimer, mais on n'y connaît rien et on ne t'a pas souvent avec nous ! » Sa réaction naïve soulève une vraie question : comment apprend-on à s'aimer ?

On se moque des marins d'eau douce qui s'envasent à marée basse. Or, tout comme la navigation, l'expatriation et le couple reposent sur des techniques qu'il faut acquérir ! Pour cela, deux suggestions :

1. prendre du temps pour se retrouver en couple. Dîner en tête à tête au moins une fois par mois, partir en amoureux un grand week-end chaque année. Les couples avec des enfants jeunes hésitent longtemps avant de confier

leurs petits dans leur nouveau pays. Chacun sa stratégie, baby-sitter, voisins, amis, échange de bons procédés avec d'autres couples, abus des parents en visite… mais ces breaks à deux sont indispensables pour prendre du recul dans un quotidien chamboulé par l'expatriation. Comme le rappelle Robin Pascoe dans son best-seller *A moveable marriage*[1], votre amour est plus important que la vaisselle que vous emballez dans dix couches de papier bulle, consacrez-lui du temps !

2. se former et s'informer sur le couple et l'expatriation, car l'amour durable n'est pas instinctif. Le taux de divorce est plus faible pour les couples qui se forment. Après les préparations à la gestion du changement lié à l'expatriation, le taux de divorce chute considérablement[2].

CHIFFRES CLÉS

Le rôle crucial et mal commode de la formation

58 % des femmes expatriées estiment qu'il est utile, important ou essentiel de consacrer du temps à des formations sur le couple. Pas de chance, 63 % des hommes estiment que c'est inutile ou que « ce n'est pas leur tasse de thé ». La partie n'est pas simple à jouer…

Où se former alors ? La formation passe d'abord par les discussions entre amis avec ces liens forts qui se créent en expatriation. Notamment dans les accueils francophones, les groupes de mamans ou les paroisses francophones fréquemment cités dans l'enquête Expat Value. Plusieurs couples ont évoqué les formations pour les fiancés et les mouvements de réflexion pour les couples (sont

---

1. Robin Pascoe, *A Moveable Marriage: Relocate Your Relationship Without Breaking It*, Expatriate Press Limited, 2003.

2. En 2014, Expat communication a interrogé 814 personnes ayant participé à ses stages de préparation à l'expatriation au cours des dix dernières années. Seuls 2% des couples s'étaient séparés. Il y a probablement un biais méthodologique, mais les résultats demeurent frappants.

cités les END, Alpha couple, Vivre et aimer, qui sont tous chrétiens). Ces groupes fleurissent en expatriation, sans doute pour les raisons que nous avons vues plus haut. Dans une culture plus anglo-saxonne, des groupes de *marital counselling* existent presque partout. La formation passe aussi bien sûr par la lecture[1] ou par les conférences données par des spécialistes et souvent relayées par les accueils francophones.

POUR LA ROUTE

Comment réagissez-vous à ce passage ? Croyez-vous à l'utilité de développer son couple ? Quels sont vos moyens pour cela ?

Construire un projet de couple

Le problème, comme le remarqua Martin très rapidement, ce sont ces jours où l'amour n'y est pas du tout. Il est parfois difficile de s'expliquer comment et pourquoi supporter des frustrations et des renoncements alors que notre conjoint est soudainement devenu l'ennemi numéro un.

On l'a vu, pendant des générations, les couples tenaient avant tout parce que « c'était ainsi », qu'il fallait respecter les convenances et qu'on n'imaginait pas d'autre modèle. Ces béquilles ont largement disparu.

Pour Martin et Thaïs, l'aboutissement de leur réflexion sur la dépendance et la confiance fut la volonté d'engagement et donc de mariage. Dans le gros temps, ils s'appuient sur la promesse qu'ils ont échangée ce jour-là. « Je suis un homme honnête, s'exclama un jour Martin. Quand j'ai donné ma parole, je ne la reprends pas. J'ai promis d'aimer Thaïs, je tiendrai bon ! » Cependant, le passé ne peut servir d'unique lumière pour l'avenir. On peut s'obliger à rester avec sa femme au nom d'une promesse ancienne, éventuellement à lui être fidèle. Se forcer à

---

1. Cf. la biblio en fin d'ouvrage.

l'aimer, c'est plus compliqué ! C'est là, qu'en plus de tout ce dont nous avons parlé intervient la notion de projet de couple.

ÉCRIRE UN PROJET ENSEMBLE

TRUCS D'EXPATS

Martin et Thaïs ont écrit ensemble leur projet d'expatriation et ils l'adaptent chaque année. Au départ, ce projet prévoyait la découverte de nombreux pays, l'ouverture aux amis, la stricte parité dans le couple et, bien sûr, l'amour. Puis ce furent le mariage, les enfants et des projets professionnels. Cette année, ils ont écrit qu'ils décident d'acheter une maison de vacances pour accueillir ceux qu'ils aiment, s'engagent à prendre une soirée par mois pour leur couple et à choisir une prochaine destination qui facilitera la carrière de Thaïs.

Enfin, plusieurs expatriés nous ont parlé de la force qu'ils trouvent dans le fait d'être mariés. L'un d'eux explique : « Nous nous sommes mariés religieusement et, pour nous, Dieu s'engage avec nous dans notre mariage et nous soutient dans les moments difficiles. » Thaïs, qui s'est mariée civilement, déclare : « Le mariage est pour nous un socle. C'est un grand souvenir, un élan qu'on a pris devant les autres. Y repenser nous rappelle la base de notre amour. »

TANTE SOPHIE

Quoi qu'il en soit, mes amis, l'amour du couple reste une plante bien vulnérable et parfois notre fragilité nous décourage. Pourtant, ce que vous admirez dans un vieux couple, c'est leur complicité, n'est-ce pas ? Or leur connivence n'est pas née seulement des plaisirs qu'ils ont connus, mais aussi de l'adversité partagée en s'appuyant l'un sur l'autre et des inévitables tensions qui leur ont permis de mieux se connaître et de découvrir la force du pardon. Avant de connaître le bonheur confiant que vous m'avez vu partager avec votre oncle Théophraste, si vous saviez combien d'orages et de déserts nous avons traversés ! Nous avions l'intuition de ce bonheur et cette espérance nous a fait avancer. Finalement, ce fut un beau chemin.

Famille et enfants, souder votre équipage pendant l'expatriation

Parmi les poncifs qui circulent en expatriation, on entend souvent « si les parents vont bien, les enfants s'adapteront ». Cette affirmation est juste en large part et c'est pour cela que jusqu'ici, nous avons surtout insisté sur le couple, socle sur lequel s'appuie toute la famille. Cependant, les enfants et la famille en elle-même sont en prise avec leurs propres enjeux et il est temps maintenant de nous pencher sur leurs problématiques spécifiques en faisant un rapide tour du monde des familles.

Nous insisterons surtout sur la prévention des risques et les stratégies d'adaptation. Soulignons-le clairement : l'expatriation est une expérience unique pour développer l'ouverture, la maturité et l'intelligence des enfants. C'est un ciment familial remarquable.

Comment protéger votre famille ?

Quand on part pour une aventure en famille, que ce soit en mer, à la montagne ou en expatriation, notre première responsabilité est de garantir la sécurité de notre petite équipe. Ensuite, on aimerait protéger chacun, leur éviter toute souffrance, et c'est là qu'en expatriation encore plus vite qu'ailleurs, nos limites apparaissent vite.

La sécurité physique

Les services consulaires le répètent sans cesse. Assurer la sécurité de son enfant, c'est d'abord respecter les conseils de sécurité des ambassades, disponibles facilement sur Internet, dont en premier lieu évidemment, les consignes d'évacuation d'une zone en crise. Pour les zones intermédiaires, chaque famille évalue si elle souhaite accepter ou poursuivre son expatriation en fonction de critères qui lui sont propres.

SÉCURITÉ DES PERSONNES, L'ESSENTIEL SUR L'ESSENTIEL

L'inscription au registre des Français établis hors de France via le consulat est indispensable, car elle permet d'être informé des évolutions et d'être recherché et rapatrié en cas de crises majeures (tremblement de terre, coup d'État, invasion…). La nature des risques évolue vite ; vous pouvez partir dans un pays serein et assister à une épidémie, à une guerre ou à un risque terroriste aigu. Il est donc indispensable de s'informer et de se former. Au Japon, parents et enfants apprennent à réagir en cas de séisme, en Équateur, en cas de prise d'otages, en Guinée, en cas de fièvre suspecte. Au Bangladesh, il faut savoir choisir soigneusement ses aliments et en Bolivie, détecter les taxis dangereux. Loin de diminuer, ces considérations de sécurité sont de plus en plus essentielles.

Renseignez-vous aussi soigneusement sur vos assurances rapatriement.

La sécurité sanitaire et financière

Là encore, les services des consulats s'agacent du manque de prévoyance de certaines familles. Il n'est pas toujours facile de prévoir les coûts d'installation pour une famille ; l'État-providence n'est pas universel. Selon les pays, la sécurité sociale, la mutuelle, l'éducation des enfants peuvent être plus ou moins onéreuses et une mauvaise évaluation de ces dépenses peut mettre des familles dans des situations très difficiles. Vous trouverez des informations sur les sites internet des consulats, mais il est aussi utile d'approfondir ces données avec des expatriés sur place ; ils vous aideront à aller au-delà du formatage que constituent des décennies de politique familiale protectrice[1]. Là aussi, le rôle des parents est de s'informer au mieux, puis de gérer les aléas qui ne manquent pas de survenir. La meilleure préparation possible ne vous prémunira pas des risques inhérents au fait de quitter votre pays. Les changements peuvent venir de votre pays d'origine (valse des bourses pour les lycées français, instabilité de la fiscalité des

---

1. Le site www.smart-expatriation.com est un calculateur de coût fiable et utile.

non-résidents) ou du pays d'accueil (oscillation des parités monétaires et des situations économiques). Comme un capitaine à la barre de son bateau, c'est à vous d'anticiper et de réagir au mieux.

Protéger vos enfants des chocs liés à l'expatriation

Quel pincement lorsqu'on touche du doigt combien on ne peut pas les protéger de tout. Max et Lilly ont confié leur petite de 4 ans pour son premier jour d'école à une maîtresse qui ne parlait pas un mot de sa langue. Quand ils se retournèrent et la virent seule dans un coin de la classe les yeux embués de larmes, leur cœur se serra douloureusement.

Max et Lilly auraient voulu dans cette période d'installation constituer un roc protecteur pour leurs filles, comme Barbapapa qui se transforme en maison, en avion ou en parapluie selon les besoins de ses petits. Or ils se sont trouvés confrontés à leur propre vulnérabilité et au fait qu'éduquer un enfant n'est pas lui éviter de souffrir, mais le préparer et l'accompagner pour qu'il trouve les ressources pour résister aux épreuves.

TANTE SOPHIE

Je pense que la maturité des enfants expatriés vient aussi de ce constat de la vulnérabilité de leurs parents face à l'inconnu et de leur capacité à rebondir ! Une remarque néanmoins : vous le savez bien, vos sentiments se communiquent à vos enfants. Votre enthousiasme à découvrir le pays les influencera. Votre inquiétude et vos baisses de moral aussi. Il n'existe pas de parents parfaits. Tant que cela reste dans une mesure limitée, vos coups de blues permettent aux enfants de voir que vous ressentez les mêmes sentiments qu'eux et que vous les surmontez. Si vous perdez pied, faites-vous rapidement accompagner. Vos enfants en expatriation ont encore plus besoin de vous.

Plus encore que de protéger, le rôle des parents est de préparer les enfants et de cheminer avec eux en partageant de façon positive leurs découvertes et leurs déceptions. Pour cela, Lilly et Max ont développé encore la communication au sein de la famille, en étant très attentifs à ce que chacun est capable de comprendre. Ils s'assurent que chacun identifie le profit qu'il peut tirer de cette expérience et s'efforcent de rester positifs face aux déconvenues des enfants. L'unique aide qu'ils peuvent apporter est parfois de reformuler leurs problèmes et de les aider à croire en leurs ressources. « Tu ne comprends rien à l'école, et tu as l'impression que les enfants se moquent de toi. Je comprends que ce soit difficile pour toi. J'ai vu que tu n'avais pas l'air en forme ce matin. À ton avis, que pourrais-tu faire pour que cela aille mieux ? » Ils aimeraient pouvoir en faire plus et pourtant, le plus beau cadeau qu'ils puissent faire à leurs enfants est parfois de les laisser se débrouiller. Quelle joie alors de les voir rapporter leurs conquêtes le soir : « Maman, Maman, viens voir, je ne comprends pas encore l'italien, mais regarde comme mes mains elles savent déjà bien le parler ! » Et quel réconfort lorsqu'ils prennent leur intégration en main, comme Marine, 4 ans : « Papa, j'a pas encore d'amis, mais t'en fais pas, j'vais m'en faire ! »

L'adaptation des enfants

En fonction de l'âge de l'enfant, voici quelques retours d'expériences qui méritent d'être partagés.

L'expatriation est toujours ambivalente pour eux puisque, afin de permettre une découverte, il faut partir, c'est-à-dire s'arracher à son quotidien[1].

Les tout petits enfants

Ils peuvent déjà percevoir l'idée de séparation, c'est la grande expérience de leur âge. Ils anticipent donc rapidement l'aspect difficile du départ. En revanche,

---

1. Nous vous recommandons sur ce sujet l'excellent ouvrage de Gaëlle Goutain et Adélaïde Russell, *L'Enfant expatrié*, L'Harmattan, 2009.

comprendre la raison de ce départ leur est extrêmement difficile, les notions de temps, d'espace, de langue étant encore très floues pour eux. Pour Claire, 18 mois, l'essentiel est d'être assurée que Papa, Maman et doudou seront du voyage avec elle. Elle est assez peu sensible aux plaisirs (et à la peur) de l'exotisme puisque son quotidien est déjà pour elle une aventure. Elle sera très rassurée par le fait d'emmener avec elle sa routine (quelques jeux essentiels, des photos, un dessus de lit...) et surtout les rites de la journée. Elle va changer quatre fois de logement entre le départ et l'arrivée du container, mais ses parents s'attachent à lui conserver les mêmes séquences de vie, notamment la séquence « rangement de chambre – bain – coiffage – dîner – histoire – câlin – dodo » et cela a certainement contribué à son équilibre pendant cette période agitée. Ses parents l'aident aussi à exprimer les émotions qu'elle rencontre. « Quelle grosse colère ! Le livre est tout déchiré. On dirait que tu as été très fâchée ! Tu vas m'aider à réparer le livre et ensuite, on va parler tous les deux. J'ai l'impression que tu es triste... »

L'enfant

À 5 ans, Claude se projette déjà mieux dans le temps. Ses parents lui ont expliqué leur projet de déménagement à Abidjan, insistant sur les avantages pour lui, mais en lui disant que l'aventure aurait aussi des aspects difficiles et qu'ils seraient toujours là pour qu'il leur en parle. Il a eu besoin d'être rassuré sur le maintien de ses relations avec ceux qu'il quittait. Il a été très important pour lui de faire une fête d'adieu pour ses copains et il aime déjà les retrouver sur Internet. Ses parents l'ont aussi aidé en lui parlant abondamment de la Côte d'Ivoire qui l'attendait, en lui montrant des films, en l'emmenant dans un restaurant ivoirien. Il a été tellement fier en arrivant de retrouver déjà quelques repères. Ses parents insistent beaucoup sur l'aspect provisoire de l'expatriation, mais finalement, pour lui aussi, la poursuite de la structure de sa routine, dans un cadre complètement différent, est l'élément le plus important.

L'imagination de cet âge est souvent débordante et les enfants, sans le montrer, écoutent et interprètent les conversations des adultes. « Quand je serai devenu tout noir parce que je serai un Ivoirien, Maman, je redeviendrai blanc pour les vacances en France ? Sinon, personne ne pourra me reconnaître. » De même, ce qui semble le plus évident aux parents n'est pas forcément entendu par Claude. « C'est bien ici, mais quand même, c'est bête d'être parti de chez nous pour avoir plus chaud. On aurait pu acheter un autre chauffage. »

L'adolescent

À la différence de l'adolescent, l'enfant ne conteste que rarement le principe même du départ, ou du retour. Il peut être triste et inquiet, et souvent avoir du mal à l'exprimer, mais il n'est généralement pas révolté. La grande affaire avec un ado est de susciter son adhésion au projet. Or entre le départ et le retour, il est rare qu'il n'y ait pas une de ces phases au moins qui accroche.

Lui demander son avis n'est pas une solution. Décider d'une expatriation est un choix bien trop lourd, c'est la responsabilité des parents qui est en jeu. En revanche, il existe une marge de manœuvre pour qu'il puisse décider d'adhérer au projet, choisir le bénéfice qu'il veut en tirer, le visage que peut prendre le projet. Ariel est un jeune timide qui a assez peu confiance en lui. L'idée de partir le tétanisait. Lorsque ses parents lui ont laissé le choix entre le collège français ou international à Abu Dhabi, il a commencé à reprendre pied : tout n'était donc pas contraint dans cette expérience. Une longue discussion avec un jeune scolarisé en système américain puis avec ses parents l'a convaincu : il irait au lycée international, plus adapté selon lui aux enfants timides. Un long parcours l'attendait, mais le projet était devenu un peu plus le sien.

TANTE SOPHIE

L'expatriation est complexe pour un adolescent, car elle lui rappelle qu'il est profondément dépendant de ses parents, à un âge où son développement consiste à se projeter en dehors de la cellule familiale, notamment dans sa bande d'amis. D'un côté, cette nouvelle expérience l'enrichit et lui ouvre l'esprit, d'un autre, elle rogne ses ailes qui commençaient juste à pousser. Lorsque cela advient trop souvent dans son parcours, cela peut l'empêcher de se développer. Il n'y a pas de règle générale, écoutez votre intuition de parents !

Des facilités inégales pour l'apprentissage des langues étrangères et l'intégration

Un autre grand poncif de l'expatriation mérite que l'on s'y attarde : « Les enfants sont comme des éponges, ils s'adaptent beaucoup plus vite et plus facilement que les adultes. »

Parlez-en à la maman de Camille dont la fille pique des colères anthologiques depuis son arrivée à Jakarta, à celle de la petite Iris qui est couverte d'eczéma ou directement à Arnold qui ne trouve plus le courage de se lever pour aller au collège où il se sent harcelé parce qu'il est blanc et expatrié. Leurs frères et sœurs ont traversé sans trop de heurts les différentes phases de l'expatriation. Eux rencontrent clairement des difficultés.

DES FRAGILITÉS À PRENDRE EN COMPTE

Pour les enfants comme pour les adultes, l'expatriation ajoute à la vie quotidienne une série de défis de séparation et d'adaptation qui exacerbent les difficultés préexistantes. Il y a toujours dans une famille, selon les moments, un enfant plus sensible. Un aîné qui peine à ouvrir les portes de la vie, un cadet qui ne trouve pas sa place. Un autre gêné par des difficultés d'apprentissage ou de relation. Pour ces enfants, la séparation et l'intégration sont des épreuves plus grandes encore. La plupart du temps, l'enfant et sa famille parviennent à les résoudre seuls ; parfois, il faudra l'accompagnement d'un spécialiste. Parfois, enfin, la fragilité d'un membre de la famille nécessite la fin du voyage.

Expat et nid vide

Les enfants sont d'extraordinaires ambassadeurs culturels qui permettent d'entrer en contact avec le cœur d'une culture. Grâce aux *play groups* et au *Kindergarten* de sa fille, aux *nursery rhyms* et aux *parenting groups*, Alice a pu comprendre en profondeur la culture kiwi et se constituer des amitiés solides avec des Néo-Zélandais. La communauté française d'Oakland était aussi largement structurée autour du rythme scolaire et du lycée par où transitaient bien des informations utiles.

À l'inverse, « on se sent vite vieux quand on est en expat ».

C'est le constat désabusé de Valérie qui ne s'attendait pas à se sentir si décalée à Shanghai, privée de ses grandes adolescentes, au milieu d'une population largement trentenaire. L'expatriation en duo est dans ce cas une aventure déconcertante. On se trouve rapidement séparé de ses enfants. Parmi les nombreux tiraillements liés à la mobilité, celui-ci est certainement l'un des plus douloureux.

Les jeunes parents regardent avec envie ces quinquas qui semblent jouir d'une liberté sans entrave en expatriation, enchaînant les week-ends aux sorties, sans avoir plus à se soucier ni des baby-sitters ni des vacances scolaires. Peut-on rêver plus belle lune de miel ? Valérie les détrompe comme elle peut. Pour elle, les plus belles années ont été celles où elle était en expatriation avec ses petites. Le rythme était intense, mais au moins avait-elle ses quatre filles sous son aile. Quel déchirement que de les laisser seules, même si elle les sait entre de bonnes mains. Chacun de leurs coups de fil la laisse perplexe. Si Jo a dit qu'elle allait bien, était-ce vrai, ou était-ce pour la rassurer ? Quand Beth s'est plainte, était-ce la partie visible de l'iceberg ou a-t-elle tout dit ? Et lorsqu'Amy a fondu en larmes, « Allo Maman, bobo », sa mère avait le nez rouge et le cœur chagrin, au point d'en vouloir à François, dont le métier la tient éloignée de la chair de sa chair ! François se sent encore plus étranger que d'habitude dans cette famille de femmes, maintenant que la plupart des relations se font par téléphone ou par Internet.

Pour les filles, quelle joie d'aller passer des vacances chez les parents ! Passé le choc de voir les parents se sentir chez eux dans une maison inconnue, quel bonheur de profiter grâce à eux de vacances exotiques et confortables ! Pendant les huit heures d'avion pour venir les rejoindre, Madeleine a le temps de penser à l'importance qu'ils ont dans sa vie ! En revanche, qu'ils ne s'avisent pas de lui dire que son petit ami ne leur plaît pas, elle se débrouille maintenant et n'a plus besoin de conseils. Au retour, quelle force dans les liens avec ses sœurs quand on découvre ensemble la vie dans une métropole mal connue.

TANTE SOPHIE

Confiance, inquiétude, aventure et tiraillements, l'expatriation a un goût étrange lorsque les oiseaux s'envolent du nid et plus que jamais, il est essentiel pour chacun des membres de la famille de bâtir un projet personnel et d'être bien au clair sur les raisons qui conduisent à cette situation.

À chacun son rythme et son adaptation

Il en est des adultes comme des enfants, tous n'ont pas la même capacité d'adaptation. Certains sont des éponges, d'autres du granit presque inaltérable.

À chacun sa vision de la profondeur de l'intégration qu'il veut atteindre pendant son expatriation ; impossible et inutile de chercher un consensus sur ce sujet. Voici quelques types qui pourront vous aider à clarifier vos représentations. Le choix de l'école des enfants est un élément déterminant de cet équilibre.

Acculturation ou intégration totale

Partis très jeunes, avec peu de moyens, Céline et Jean-Luc n'envisageaient l'expatriation que sous le biais de l'intégration totale. Leurs enfants ont donc été à l'école indienne, c'était pour eux une évidence, ils ont choisi de voir surtout des Indiens. Lorsque c'était difficile, ils se sont appuyés sur d'autres Occidentaux, mais ils ont pratiquement rompu avec leurs attaches belges au point que leurs enfants comprennent le français, mais ne savent ni l'écrire ni le parler. Au bout de vingt ans, ils considèrent que l'aventure a été ardue et extraordinaire, mais ils aimeraient se sentir davantage de culture commune avec leurs enfants. Ils se posent aujourd'hui de grandes questions sur leur identité ; le retour en Belgique leur semble impossible, mais ils ne sont pas certains de vouloir rester en Inde. Peut-être un pays comme Singapour ou la Malaisie leur permettrait-il une synthèse harmonieuse.

Le cocon de la communauté nationale

À l'inverse, pour Aurélien et Laetitia qui avaient très peu voyagé et déménagé, l'expatriation en Suisse germanique semblait une aventure inaccessible. Arrivant avec un jeune enfant, ils n'ont eu aucune hésitation ; ils se sont intégrés au plus vite dans la communauté francophone, inscrivant le petit à la maternelle du lycée français. Petit à petit, ils ont apprivoisé leur environnement, appris l'allemand, puis le suisse allemand et fait quelques rencontres. Ils savourent les montagnes et le civisme des Suisses, mais se considèrent comme des Français et élèvent leur enfant dans l'idée que cette étape est magnifique, mais provisoire. Pour eux, cela a constitué une transition en douceur. Le problème est que les contrats en Suisse se succédant, le retour semble s'éloigner toujours plus loin. Aurélien et Laetitia commencent à se sentir décalés et enfermés dans la petite communauté française dont leurs meilleurs amis sont déjà repartis. Ils ressentent maintenant le besoin d'élargir leurs horizons.

L'équilibre mixte

Après quatre mutations à l'étranger, Pascal et Natasha ont défini clairement l'équilibre mixte qu'ils souhaitent pour leur famille. Bougeant souvent, ils ont fait le choix des écoles françaises à partir du primaire pour assurer une continuité de scolarité. Ils s'intègrent rapidement via les mécanismes bien rodés des accueils français, mais cherchent avec persistance à entrer en contact avec leur pays d'accueil. Avant 6 ans, leurs enfants vont donc dans les maternelles locales et pour la plupart des activités (foot des enfants, chorale de Natasha, tennis de Pascal…), ils se sont inscrits dans des clubs locaux. Ils gardent leur identité française, renforcée par des mutations régulières en France, mais se sont enrichis de nombreuses expériences. Pour eux, l'inconvénient est de perdre leurs amis locaux chaque fois qu'ils déménagent. Au bout de vingt ans, ils se sentent fatigués de cette vie itinérante et se demandent s'ils auront encore assez d'énergie pour reproduire ce modèle exigeant au Japon où ils arriveront en janvier.

La troisième culture

Leurs amis David et Laure ont fait le choix du lycée international en anglais pour que leurs enfants profitent au maximum de la diversité culturelle. Après des débuts difficiles, les enfants se sont bien intégrés. Cette solution a été idéale lorsqu'ils ont été mutés au Soudan où le lycée français était fermé. David et Laure s'efforcent de maintenir le niveau de français des enfants, alternant les cours par correspondance et l'école française le samedi matin. Cependant, ils ne se font pas d'illusion, leurs enfants s'apprêtent à faire leurs études à l'étranger. Ce dont leurs parents sont très fiers. Ce qui est plus difficile pour eux est de transmettre certaines valeurs comme les repas en famille qui ne sont pas partagés par les autres familles du lycée. David et Laure sont lucides. Il est impossible de ramer complètement à contre-courant et il leur faut souvent lâcher du lest. Leur seul exemple permettra-t-il de transmettre l'essentiel ?

Il existe bien sûr une multitude de nuances et de contre-exemples à ces modèles. L'objectif est seulement de vous aider à établir les enjeux des différents choix d'intégration que vous pourrez poser et de vous aider à définir vos objectifs. Vous trouverez une multitude de témoignages et pourrez poser vos questions sur les forums de Femmexpat.com.

TANTE SOPHIE

Quand j'étais petite, une amie africaine me répétait souvent : « Sophie, tu es bien agitée, tes parents ne suffisent pas à la tâche. Il faut un village entier pour éduquer un enfant. » Au-delà des questions d'intégration ou d'identité culturelle, la grande question est là ! Un couple ne suffit pas pour éduquer un enfant.

C'est là que Lilly et Max se sont trouvés bien avisés d'avoir emporté quelques livres d'éducation recommandés par leurs amis et dont vous trouverez des exemples dans la bibliographie en fin d'ouvrage. La découverte des groupes de *parenting* les ont bien aidés, surtout ceux qui tournent autour de la discipline positive. C'est pour cela qu'ils ne bougent plus aujourd'hui : ils ont trouvé un collège qui leur convient, des amis solides et ils veulent profiter de ce bel équilibre.

POUR LA ROUTE

Et vous, quel équilibre d'ouverture internationale correspondrait le mieux à votre couple ? Et quels relais d'éducation cherchez-vous pour vos enfants ?

Le retour : une nouvelle expatriation

Pris au milieu de ces péripéties, parfois les expatriés soupirent :

« Heureux qui comme Ulysse a fait un beau voyage
Ou comme celui-là qui conquit la toison
Et puis est revenu plein d'usages et raison
Vivre entre ses parents le reste de son âge[1]. »

Pris par sa nostalgie, le poète oublie que le summum du suspense dans l'*Odyssée* se situe lorsque Ulysse revient ! Les spécialistes de l'expatriation le répètent sans cesse et les expatriés l'oublient régulièrement. Le retour est l'un des challenges les plus critiques et il est indispensable de bien s'y préparer.

Retrouvons pour en parler Louis et Eugénie que nous avions laissés à Bangkok et qui reviennent à Toulouse après 4 ans d'expatriation.

Le choc culturel inversé

Choisi ou pas, le retour présente des caractéristiques récurrentes que les spécialistes ont regroupées sous le terme de choc culturel inversé.

Que découvrent nos héros en retrouvant la France après quatre ans ? Pendant leur absence, leur pays d'origine a changé de façon objective : l'économie a évolué, la situation politique a tourné, le climat social s'est modifié, l'urbanisme n'est plus tout à fait le même. Toutes ces transformations s'imposent à Louis d'un coup, même s'il a eu le sentiment de revenir régulièrement pour ses congés ou pour son travail.

Nos expatriés ont changé eux aussi. En s'intégrant à l'étranger, ils s'étaient laissés transformer et leur vision de leur pays ne sera plus la même. Ce n'est pas tant Toulouse qui est devenu sublime, peu embouteillé et étincelant de propreté, que le regard d'Eugénie qui s'est transformé à Bangkok.

---

1. Joachim du Bellay, *Regrets*.

Enfin, avec l'éloignement, la perception du pays s'altère. C'est la fameuse cristallisation dont parlait déjà Stendhal. Que la patrie soit évoquée avec nostalgie ou comme un repoussoir, elle se modifie peu à peu en fonction des filtres de la mémoire et des émotions.

Ce qui est vrai du pays et de la ville le sera tout autant de la famille et de tous les liens établis dans le pays d'origine.

TRUCS D'EXPATS

LE RETOUR D'ULYSSE

Les Grecs étant de grands voyageurs, leurs mythes reflètent bien les difficultés auxquelles sont confrontés ceux qui reviennent après une longue absence. Il suffit de penser à Ulysse retrouvant son palais envahi de prétendants où il ne sera reconnu ni de sa femme ni de son fils, Télémaque, pour comprendre que le retour est par nature complexe.

À une moindre échelle, c'est à ce choc que sera confronté celui qui revient. Eugénie savait bien qu'en rentrant, elle vivrait l'étrange expérience de découvrir qu'en son absence, le monde a continué de tourner. Que sa place a été partiellement occupée dans le cœur de ses proches. Que ceux-ci ont vieilli tout autant qu'elle. Elle voyait bien en vacances que son père avait plus de mal à se lever, mais aussitôt de retour, elle se reconstituait l'image de son doux héros. Aujourd'hui, elle vit près de chez lui et ne peut plus se voiler la face ; son père est devenu un vieux monsieur.

Son expérience d'expatriation lui semble incommunicable. Une fois passées les questions d'usage, ses amis sont rarement passionnés à l'idée d'entendre le récit de ses longues aventures. Elle sent chez eux une pointe de jalousie, mais surtout une incapacité à se projeter pour comprendre des expériences qui lui semblent maintenant évidentes et elle se sent très seule. Oubliant combien les premiers mois de son intégration avaient été difficiles, elle s'étonne du peu d'accueil de ceux qu'elle retrouve. « En fait, les amis vivent aux quatre coins de la ville, ils travaillent comme des fous. Ils n'ont pas de temps pour nous accueillir puisque de toute façon, ils n'en ont pas pour eux-mêmes ! »

Les clés pour réussir son retour

Si en expatriation, bien des difficultés trouvent grâce aux yeux des expatriés car elles sont parées des vertus du provisoire et de l'exotique, les problèmes du retour sont autrement plus engageants. L'installation n'est généralement pas une parenthèse. Le retour s'alourdit d'une croyance : « Cette fois-ci c'est pour de vrai, tout est définitif et je n'ai pas le droit de me tromper ! »

PAROLE DE COACH

LE POSITIONNEMENT GAGNANT AU RETOUR

Considérer ce passage comme une nouvelle expatriation permet d'appréhender le retour dans de bien meilleures conditions.

Les mêmes précautions qui ont été développées à l'étranger peuvent être appelées à la rescousse : curiosité, constitution d'un réseau adapté à ses besoins, préservation de moments de ressourcement social, culturel, sportif ou spirituel. La stratégie des petits pas et du droit à l'erreur est tout aussi nécessaire.

Corinne Tucoulat, coach, cofondatrice d'Expat Communication

Eugénie et Louis sont revenus avec beaucoup d'appréhension. Ils redoutent les grands choix à établir en retrouvant leurs univers à chacun. La vie ne va-t-elle pas sembler bien plate sans la stimulation des découvertes culturelles ? Leur couple pourra-t-il s'enrichir encore sans cette nouveauté qui les a tant nourris ? Finalement, malgré des périodes de tension ou d'isolement, le retour s'est globalement bien déroulé. D'abord parce qu'ils avaient toujours veillé à préserver leur identité française et leurs liens avec leurs proches. Ensuite parce que habitués à explorer leurs pays d'accueil, à en apprendre la langue, à en écouter les habitants, ils ont aiguisé leur curiosité et sont finalement tout aussi curieux de la France qui se révèle à eux dans son infinie richesse.

COMPTER SUR UN RÉSEAU AU RETOUR

Des réseaux existent pour regrouper ceux qui rentrent. Dans ces lieux, vous trouverez des personnes qui traversent la même situation que vous et aurez l'occasion de discuter ensemble. Cela vous permettra de mettre des mots sur les phases à travers lesquelles vous passez. C'est une source d'énergie importante et tous ceux qui y participent témoignent avoir été « reboostés ». Si dans votre ville il n'existe pas de réseau d'expatriés, n'hésitez pas à en créer un, avec l'appui d'un lycée international, d'associations préexistantes ou de personnes que vous connaissez.

Eugénie et Louis ont monté un petit groupe informel d'expatriés arrivant de l'étranger. Ils se réunissent une fois par mois pour « prendre la nouvelle » et retrouver le climat de solidarité et d'accueil qu'ils avaient connu en Asie. Comme Eugénie avait peur d'étouffer sans oxygène venu du monde entier, elle a rejoint une association internationale découverte sur Internet[1]. Enfin, une fois de plus, la meilleure façon de trouver un réseau à votre goût est de le créer ! En revanche, trouvez la juste distance avec la vie que vous avez laissée… Même s'il est important de garder des liens, au bout de quelques mois, le fait de rester en permanence connecté avec son ancienne vie met un frein à la faculté de rebondir.

Une nouvelle période de gros temps

Dans cette période d'invention d'un nouveau futur dans le pays d'origine, où tous les plans de la vie personnelle, professionnelle et familiale sont redessinés, un intense dialogue de couple s'avère à nouveau indispensable, car les risques de divergence de situation, de fatigue, de frustration sont tout aussi présents que lors d'un départ. Nul n'étant parfait et cette période étant aussi très intense en termes de gestion du temps, les tensions sont fréquentes ! Si vous le pouvez, il est opportun de soigner votre couple. C'est le moment de vous octroyer des es-

---

1. Voir les sites www.meetup.com et www.internations.org.

capades en amoureux ou des dîners aux chandelles ! Si vous n'y arrivez pas, alors, une fois n'est pas coutume, il existe aussi la stratégie de la tortue. Rentrer dans sa carapace, faire le dos rond et attendre une semaine ou deux ; l'attentisme peut être une solution efficace si elle n'est que provisoire.

TANTE SOPHIE

Ces crises n'ont aucune raison d'être plus profondes que celles que vous avez traversées à l'étranger. En général, vous avez déjà développé des techniques de communication et de gestion des conflits qui vous permettront d'effectuer ce nouveau passage périlleux non pas sereinement, mais au moins en confiance.

Une différence néanmoins : c'est souvent le moment où si un conjoint avait arrêté de travailler, il va chercher à reprendre une activité. Cette transition est un challenge pour toute la famille et notamment pour celui qui a pris l'habitude de n'occuper plus qu'un rôle secondaire dans la logistique familiale. Redevenir une famille à deux actifs demande beaucoup de discussion et d'organisation. Finies les conduites compliquées, les trois activités par enfant, la cuisine raffinée à tous les repas ; il va falloir faire des choix et les assumer collectivement.

Il y a aussi le cas de ces couples qui sont rentrés en battant de l'aile de leurs aventures étrangères. Georges et Angélique étaient déjà arrivés au bout de leur capacité de compromis lorsqu'ils sont revenus à Genève. Le retour dans leur pays a surtout pour eux été l'occasion de poser leur fardeau, de s'appuyer sur leurs familles respectives pour oser enfin percer l'abcès et se séparer dans un contexte plus sécurisant pour les enfants. Pour Harold et Maud, le retour, non programmé, a été décidé comme le dernier recours pour leur mariage chancelant. Les retrouvailles avec leur réseau social leur ont permis de sortir de leur isolement. Ils ont aussi choisi de se faire aider par des professionnels. En racontant à des tiers leurs difficultés, ils ont enfin réussi à renouer la communication entre eux.

Un beau moment de liberté

À nouveau, c'est tout un ensemble de choix qui se présentent. Il faut, ou il est possible, selon les cas de choisir son lieu de vie, le milieu dans lequel on va évoluer, l'école des enfants, le mode de relation avec la famille élargie, souvent un nouveau projet professionnel. Il ne s'agit pas de regagner ses pénates, mais de dessiner la vie qui correspond le mieux à sa nouvelle identité. Le retour, bien vécu, peut être un extraordinaire moment de liberté. C'est sans doute ce qui surprend le plus les amies d'Eugénie en la retrouvant. L'active médecin a découvert la sculpture et le yoga et n'imagine plus travailler à temps plein. « C'est à l'étranger que je suis devenue vraiment maman », leur explique-t-elle. Ses amies sont partagées entre l'incompréhension, la consternation de voir ainsi gâcher une carrière qui lui avait coûté tant d'efforts, l'inquiétude pour l'indépendance financière de leur amie et un brin d'envie de se laisser gagner par ce vent de liberté !

TANTE SOPHIE

C'est à nouveau une aventure éprouvante, mais une fois le cycle joie – déception – intégration surmonté, vous pourrez savourer votre nouvelle vie qui sera riche de tous ces changements vécus à deux. Vous serez fiers de votre liberté apprivoisée, de votre confiance mutuelle, des projets que vous ne cesserez d'échafauder, quel que soit votre âge. N'avez-vous jamais vu ces vieux couples qui semblent si complices, si sereins d'être lucidement sûrs l'un de l'autre ? Eh bien, déjà, vous commencez à leur ressembler.

À vous deux, maintenant, de reprendre la main et d'adapter toutes ces réflexions à votre situation de couple.

SOIRÉE AUX CHANDELLES TORRIDE

Afin de créer une ambiance qui rapproche et débouche sur une discussion constructive, reportez-vous à la première soirée aux chandelles (*page 72*).

QUIZ N°2 – TOI, L'ÉTRANGER ET MOI. QUELLE EXPATRIATION POUR NOUS DEUX ?

ELLE dit pour ELLE-MÊME	ELLE dirait pour LUI		IL dit pour LUI-MÊME	IL dirait pour ELLE
		1. Pour moi, le monde...		
		A ☐ est une trop petite planète, je vise Mars.		
		B ☐ est ma maison, je suis bien partout.		
		C ☐ est un lieu hostile, seul mon village est habitable.		
		D ☐ est à découvrir.		
		2. Face à l'inconnu...		
		A ☐ j'ouvre grand les yeux.		
		B ☐ je me prépare à fuir.		
		C ☐ je me recroqueville.		
		D ☐ je me jette en avant.		

		3. Les langues étrangères…			
		A ☐ me cassent les oreilles.			
		B ☐ j'en parle déjà 5, vivement la 6e.			
		C ☐ ne me font pas peur, je parle avec les mains.			
		D ☐ mon anglais de brousse passe partout.			
		4. Si on partait à l'étranger demain, ce serait…			
		A ☐ pour quinze jours au Club Med.			
		B ☐ pour trois ans à Londres.			
		C ☐ pour toute la vie en Chine.			
		D ☐ je n'en sais rien, je déteste prévoir.			
		5. Ma nationalité…			
		A ☐ c'est celle de mes parents et de mes ancêtres.			
		B ☐ c'est celle du pays où je vis.			
		C ☐ je suis citoyen du monde.			
		D ☐ je suis mal partout.			
		6. Dans la vie, ce que j'aime, c'est…			
		A ☐ retrouver mes affaires là où je les avais rangées.			
		B ☐ changer régulièrement de vie.			
		C ☐ réaménager ma maison chaque année.			
		D ☐ voir mes arbres pousser.			

...

		7. La baguette chaude et croustillante...		
		A ☐ je ne peux pas m'en passer.		
		B ☐ ça n'existe plus.		
		C ☐ ça ne vaut pas un naan au fromage.		
		D ☐ mieux vaut du bon riz qu'une mauvaise baguette de pain.		
		8. Les cafards et les araignées...		
		A ☐ me font fondre en larmes.		
		B ☐ me font t'appeler en hurlant.		
		C ☐ sont des bêtes inoffensives et sympathiques.		
		D ☐ sont le signe que le ménage est mal fait.		
		9. Face à des gens inconnus, je me dis...		
		A ☐ ils ont des sales têtes.		
		B ☐ chouette, de nouvelles histoires à découvrir.		
		C ☐ il va encore falloir faire mon trou.		
		D ☐ où y a-t-il un trou de souris pour me cacher ?		

...

		10. Quand on arrive dans un lieu nouveau, je vais...		
		A ☐ me cacher derrière toi.		
		B ☐ me sentir mal à l'aise.		
		C ☐ m'intégrer super vite.		
		D ☐ te protéger.		

RÉSULTATS À CALCULER ET À COMMENTER ENSEMBLE !

Voir page 76 pour le mode d'emploi.

Question	ELLE	LUI	ELLE pour LUI	LUI pour ELLE	Nombre de points de connaissance mutuelle	Nombre de points de convergence
1						
2						
3						
4						
5						
6						
7						
8						
9						
10						
Total					../20	../10

ANALYSE

CONNAISSANCE MUTUELLE /60

Entre 0 et 6 points de connaissance mutuelle

Il y a un risque que vous vous embarquiez sur des malentendus et des illusions. Que diriez-vous d'une petite discussion sur l'expatriation, car pour l'instant, vous n'êtes pas dans le même bateau !

Entre 7 et 15 points de connaissance mutuelle

Êtes-vous déjà souvent partis ensemble ? On dirait que vous imaginez bien la situation. Une nouvelle aventure vous tente ?

Plus de 16 points de connaissance mutuelle

Quelle belle connaissance mutuelle ! L'expatriation pourrait vous permettre de découvrir encore d'autres facettes de votre conjoint. Savourez cette connivence !

CONVERGENCE /10

De 0 à 3 points

Cohabiter quand on a des visions aussi différentes est une belle et audacieuse aventure, mais vous retrouvez-vous sur le même bateau ? Aimer, c'est regarder dans la même direction ! Cela vaut-il le coup d'en reparler ? Vous connaissez la recette maintenant !

De 4 à 8 points

Selon les sujets, vous vous épaulez, vous confrontez ou vous complétez. Avec un peu de chance, quand l'un sera timide, l'autre sera sociable. Inutile de chercher à devenir identiques ! Une fois que vous aurez défini une destination commune, vous pourrez compter l'un sur l'autre.

9 et 10 points

Il paraît que les vieux époux finissent par se ressembler, mais se complètent-ils encore ? Si vous êtes cachés dans le même trou de souris ou que vous êtes tous les deux des stars du crachoir, cela va être les montagnes russes chez vous, chacun amplifiant les états d'âme de l'autre. Êtes-vous sûrs que vous ne vous influencez pas un peu trop ? L'expatriation parviendra-t-elle à vous différencier

Pour aller plus loin

Listez les questions que vous voulez approfondir parmi les « ? pour la route » de cette partie.

- Comment se prennent dans votre couple les grandes décisions comme un départ en expatriation ? Êtes-vous plutôt du type impulsifs, consensuels, stratèges, paritaires ? L'histoire qui vient pourrait-elle se dérouler chez vous ? (*cf. page 83*) ;

- Êtes-vous comme on le voit ici un couple sujet aux explosions ou plutôt en mode contenu ? (*cf. page 86*) Quels sont vos mécanismes pour traverser les crises ?

- Avez-vous déjà abordé ces sujets tous les deux ? Comment parvenir à écouter les frustrations de l'autre en les percevant comme des constats et non comme des accusations ? (*cf. page 101*) ;

- En quoi dépendez-vous l'un de l'autre ? La dépendance est-elle pour vous un gage d'amour ? Quand vous faites ensemble un compromis, êtes-vous sensible aux renoncements de l'autre ? Et à l'inverse, vous arrive-t-il de vous prévaloir de vos « sacrifices » pour des décisions que vous avez complètement assumées (*cf. page 117*) ? ;

- Comment réagissez-vous à ce passage ? (*cf. page 124*) Croyez-vous à l'utilité de développer son couple ? Quels sont vos moyens pour cela ?

- Et vous, quel équilibre d'ouverture internationale correspondrait le mieux à votre couple ? Et quels relais d'éducation cherchez-vous pour vos enfants ? (*cf. page 138*) ;

Les règles essentielles : parler l'un après l'autre, sans s'interrompre, sans réagir directement aux propos de l'autre, mais en essayant de relever uniquement ce que nous ressentons. « Lorsque tu dis cela, voici ce que je comprends, ou ce que je ressens… »

UN PROJET CHACUN ET UN PROJET COMMUN

LE MAXI DÉFI :

POURSUIVRE DEUX CARRIÈRES EN EXPATRIATION ?

Vous voici maintenant experts ès couples en expatriation. Vous faites partie des rares contemporains qui savent que s'aimer, travailler tous les deux et partir travailler à l'étranger sont chacun autant de défis. Vous êtes maintenant mûrs pour aborder avec brio le challenge maximum, la question à 100 sous, le super banco : comment poursuivre deux carrières en expatriation ?

Il faudra d'abord laisser nos présupposés pour affronter ce dernier challenge comme nous l'avons fait jusqu'ici, avec pragmatisme. Les figures esquissées dans le prélude nous serons très utiles.

Nous commencerons par chercher des balises pour vous guider dans vos carrières internationales puis nous scruterons en détail le parcours des conjoints accompagnateurs avant d'examiner les péripéties du retour professionnel.

Cette partie vous permettra d'explorer la piste de la double carrière en expatriation pour que vous puissiez, forts de ces réflexions, décider lors du dîner aux chandelles final si vous partirez ou pas.

Pour commencer : que l'un d'entre vous initie sa carrière internationale

Voilà bien longtemps que nous parlons de la sphère familiale. Le week-end est fini. *Back to work.* Après avoir étudié l'art de naviguer en couple en eaux internationales, réfléchissons à la meilleure manière d'y piloter deux carrières de concert.

Avant de nous engager sur cette voie encore peu défrichée, regardons les grands chiffres fournis par l'enquête Expat Value. Ils nous débarrasseront de deux idées reçues qui risqueraient de nous égarer :

- « Il est inévitable que l'un des deux sacrifie sa carrière. » Non. 40 % des couples réussissent à travailler à deux en expatriation. La porte est ouverte, même si le chemin n'est ni simple ni assuré ;

- « Tout change à toute vitesse, aujourd'hui, pour les jeunes, c'est beaucoup plus facile. » Non aussi ! Le taux d'hommes qui accompagnent leur femme en expatriation est de 10 % pour les plus de 50 ans et de 11 % pour les moins de 30 ans. Où est le changement ? Pourquoi une telle persistance de ce que l'on désigne couramment comme les « stéréotypes de genre » ?

La double carrière en expatriation reste complexe. Vous êtes prévenus. Maintenant, procédons avec ordre. Que l'un des deux d'abord trouve un poste déjà et l'autre suivra.

Comme Martin, se faire envoyer par son entreprise

Explorons d'abord la voie royale : se faire envoyer par son entreprise.

Nous l'avons vu dans la première partie, cette solution présente de nombreux avantages : elle est plus simple à mettre en œuvre, présente moins de risques et est généralement plus intéressante financièrement.

Comment procéder ? D'abord évidemment en choisissant une entreprise qui agit au niveau international. Martin, pour partir avec Thaïs, avait quitté la régie de transport locale qui lui garantissait l'emploi à vie et intégré une entreprise multinationale qui envoyait des centaines d'expatriés.

Comme il n'était pas identifié dans le pool des hauts potentiels pour qui les parcours d'expatriation sont favorisés, il a dû par lui-même se construire une expertise de management de projet très demandée dans les filiales locales. Puis il a fait connaître son souhait auprès de sa hiérarchie et des RH lors des entretiens annuels. Il a postulé pour plusieurs missions ponctuelles à l'étranger afin de développer son réseau local. Sans s'inquiéter des refus, il s'est porté candidat pour divers postes expatriés, confiant que chacun de ces essais renforcerait ses chances de parvenir à son but. Jusqu'au jour où il y est enfin parvenu.

Pour son premier poste à l'étranger, il n'a pas obtenu le contrat d'expatrié qu'il visait et s'est accommodé d'un contrat local plus qui s'est étoffé au fur à mesure de ses mobilités.

Pour les jeunes Français (-28 ans), le VIE (volontariat international en entreprise) est une façon efficace de se faire envoyer pour la première fois à l'étranger.

Se faire recruter à l'étranger. Le cas d'Adam

Se faire embaucher directement à l'étranger est plus ardu, mais de plus en plus courant pour la génération dite Y.

Souvenez-vous d'Adam et Marie, les jeunes pionniers de Hong Kong, en voyage de repérage. Comment Adam a-t-il procédé ?

Il a d'abord identifié une compétence clé sur laquelle construire son projet.

PAROLE DE COACH

DÉFINIR VOTRE « UNIQUE SELLING PROPOSITION »

Si vous souhaitez faire de même, soyez objectif, c'est-à-dire estimez-vous à votre juste place, ni inutilement humble ni bêtement orgueilleux. Regardez tout votre parcours pour identifier les pépites qu'il recèle. Votre « talent unique » est souvent la conjonction de plusieurs facteurs, dont parfois votre nationalité. Par exemple styliste/française/experte du design des années 1970 ou formateur/pilote de rallye… L'essentiel est qu'il soit toujours connecté à vos aspirations.

Bob Aubrey, mentor, coach et auteur

Pour Adam, c'était développeur informatique spécialisé en applications pionnières pour mobiles. Le fait d'être trilingue était moins un atout, l'anglais étant une évidence sur ces marchés et le flamand moins demandé.

Comment évaluer votre valeur sur un marché inconnu ? Pour défricher le terrain et choisir une destination, Internet et la presse, via les guides économiques pour expatriés, sont des alliés précieux. Adam a recoupé ces informations avec celles du site du ministère des Affaires étrangères, des consulats des pays cibles, les associations d'expatriés, les sites d'annonces locaux et enfin les réseaux sociaux ou d'école. Après cette étude virtuelle, son choix s'est porté sur Hong Kong.

Pour valider ses conclusions, Adam a planifié un voyage d'exploration très dense de deux semaines, profitant d'un événement à la Chambre de commerce européenne pour rencontrer des entrepreneurs, des dirigeants et des représentants institutionnels.

Revenu à Bruxelles, il a longuement tiré les fils des contacts qu'il avait engrangés puis postulé sur différentes offres. Après plusieurs entretiens en ligne, il a effectué un voyage pour valider une opportunité avec une entreprise allemande.

POUR LA ROUTE

Quel stratège professionnel êtes-vous ? Avez-vous identifié votre « unique selling proposition » récemment ? Comment vous y prenez-vous pour trouver le temps de remettre votre carrière en perspective ?

10 idées pour gérer habilement votre carrière internationale

Pour transformer ce coup d'essai en réelle carrière internationale, il ne reste plus que le fait que Marie trouve un poste elle aussi mais avant de passer à la carrière de Marie, voici quelques conseils glanés auprès d'experts pour vous permettre d'éviter au mieux les embûches des carrières internationales.

TANTE SOPHIE

Mes chers amis, je sais que vous êtes très demandeurs de conseils. Surtout présentés ainsi en liste numérotée de vérités valables pour tous. Cela m'inquiète toujours un peu, car tout conseil avisé dans une situation peut s'avérer peu judicieux dans un autre contexte. Lisez donc ceci avec circonspection !

Les lignes qui suivent sont la synthèse d'une enquête menée par l'auteur auprès de dix acteurs de l'expatriation, PDG de grands groupes, DRH ou coachs. Ces personnes sont encore en exercice. J'ai choisi de ne pas citer mes sources afin de leur laisser l'occasion d'être politiquement incorrects.

1. Se souvenir qu'on ne sait rien, ou si peu

C'est le conseil numéro 1 : rester humble.

Il ne s'agit pas de rester paralysé par le doute, mais de tenir compte de l'ampleur de notre ignorance.

Thomas, expatrié chevronné, se compare à un éclaireur avançant dans la jungle. Il doit être sans cesse sur ses gardes, car les problèmes surviennent toujours là où ne les attendait pas. Il n'aurait jamais pensé déclencher une bronca en habillant ses vendeurs avec des baskets aux couleurs du drapeau national. Là où il voyait un clin d'œil, ses salariés et ses clients virent une insulte. Pile au moment où il se pensait acculturé et expliquait avec un rien de condescendance à des clients américains que, dans un pays musulman, on ne montre jamais ses semelles à son interlocuteur !

Les pièges interculturels sont présents tout au long de l'expatriation, d'autant plus dans les pays « cousins » que l'on pense bien connaître.

Préparation et vigilance sont donc indispensables.

2. Apprendre la langue locale

Johann, parti diriger une filiale au Japon, est arrivé avec des idées très claires sur l'apprentissage du japonais. « C'est une langue impossible à apprendre, c'est un investissement colossal pour trois ans, dont l'intérêt sur place est très limité, car tout mon staff parlera anglais. » Il est revenu avec des idées tout aussi arrêtées : « Ma grande erreur a été de ne pas apprendre le japonais. Je n'y aurais jamais été bon, mais cela m'aurait permis de susciter de la sympathie en montrant ma bonne volonté. En plus, les cours de langues sont des moments intéressants pour comprendre la culture du pays. »

Sa femme Élisabeth s'est impliquée pour apprendre la langue. Souvent frustrée par la difficulté de l'entreprise, persuadée de régresser chaque fois qu'elle traversait l'un des nombreux paliers qui constituent l'apprentissage d'une langue, elle atteignit néanmoins un niveau correct, car elle se lançait sans cesse des défis.

3. Jouer de sa différence

La première valeur ajoutée d'un étranger réside dans le regard extérieur qu'il apporte.

Le fait d'être extérieur au système qu'Adam percevait comme une faiblesse s'est révélé être une force. Ses questions au départ naïves puis plus calculées lui permirent de remettre en question des habitudes bien ancrées dans l'entreprise qui n'avaient plus de raison d'être. Du fait de son statut d'étranger, il pouvait aussi se permettre des propositions incongrues qui auraient été rejetées si elles avaient été émises en interne.

Faire accepter sa différence réclame bien sûr que l'expatrié accepte les particularités de son pays hôte. Qu'il ne se fige pas dans la comparaison avec sa culture d'origine, mais cherche d'abord ce qui est positif dans le pays d'accueil.

4. Allier prudence, longueur de temps et prise de risque

C'est le leitmotiv de ce livre, l'expatriation est l'école de la liberté. Or l'art de bien gérer sa liberté, de savoir ce qu'il faut faire ou ne pas faire, selon les Anciens, s'appelle la prudence.

Être prudent, en expatriation, consiste d'abord à savoir prendre son temps. Les délais nécessaires pour prendre la mesure d'un poste sont plus longs lorsque, au-delà des problématiques professionnelles, il faut aussi découvrir une nouvelle culture et une langue étrangère. Malheureusement, la pression sur les résultats est souvent plus intense. À l'expatrié donc de savoir faire prendre patience à ses interlocuteurs et de se laisser une phase d'observation suffisante.

Cependant, la prudence ne signifie pas de rester toujours à l'abri dans sa zone de confort. Elle consiste souvent à évaluer les risques et à sortir du cadre. Les expatriés insistent sur cette nécessité de penser hors du cercle et de se remettre en question régulièrement. Partir travailler à l'étranger est souvent judicieux. Il sera peut-être sage aussi de se poser la question du retour, alors même que l'on est confortablement installé dans sa nouvelle vie.

Quel est pour vous le risque acceptable ? Vous arrive-t-il parfois d'imaginer les conséquences d'un échec dans votre poste expatrié ? Rebondiriez-vous facilement ? Cela change-t-il quelque chose à vos plans ?

5. Savoir rebondir dans les échecs

Contrepartie logique de la prise de risque, l'échec est partie prenante de l'expatriation et ses conséquences peuvent en être particulièrement éprouvantes.

Guillaume, jeune responsable marketing d'un grand groupe de spiritueux, avait la sensation que l'Olympe professionnel était à portée de main. Ses résultats étaient excellents. Après l'Italie où il travaillait en contrat local, il se voyait aux États-Unis. Puis au dernier étage de la tour du siège… Alors qu'il voulait transférer à un ami un e-mail de la direction agrémenté de sa vision critique sur la stratégie du groupe, il se trompa de destinataire. Le vent tourna radicalement. En trois mois, il perdit son poste, sa grande maison, ses invitations VIP dans les défilés de mode. Retour case Paris, sans indemnités, avec un réseau amaigri, mais rempli de frustration. Il lui fallut cinq ans de descente aux enfers pour rebondir.

6. Rétablir son équilibre pro/perso

Nous l'avons vu plus haut, la prise de poste à l'étranger et le choc culturel sont des étapes particulièrement exigeantes mais la suite de l'expatriation est complexe aussi ; la plupart des expatriés voyagent fréquemment et leurs responsabilités sont lourdes. Il est logique que le collaborateur se sente débordé. Si ce sentiment se poursuit après la première phase, alors l'épuisement est un risque non nul.

Nos interlocuteurs indiquent que les catégories les plus concernées sont les célibataires, car ils ont du mal à poser des limites à leur travail et les collaborateurs en célibat géographique qui sont en permanence dans la compensation sur le plan professionnel et personnel. Tous sont néanmoins concernés.

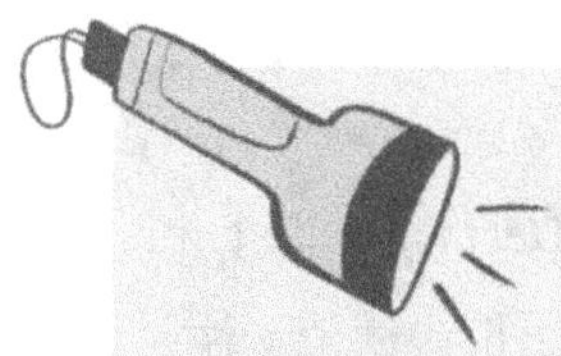

CHIFFRE CLÉ
Des expatriés très sollicités

15 % des expatriés indiquent travailler trop, à la limite du burn-out.

Il est donc essentiel de garder du temps pour se ressourcer, d'autant plus qu'on a beaucoup parlé ici du déséquilibre qu'implique le déménagement à l'étranger pour toute la famille et de la nécessaire présence des parents à leurs enfants et des conjoints l'un à l'autre.

Voici les propos cyniques, mais lucides, d'un responsable RH. Certains de ses collaborateurs avaient sacrifié leur famille à leur travail. Ils avaient pourtant la sensation que leur carrière piétinait. « C'était difficile, soulignait ce DRH. Ces collaborateurs avaient tout donné, soi-disant pour l'entreprise, souvent plutôt pour leur carrière, mais au moment des choix de promotion, on leur préférait des collègues plus équilibrés et humains. »

TANTE SOPHIE

Même si ce n'était pas le cas – car j'ai beau être vieille et hors du coup, je ne suis pas sûre, moi, que les entreprises préfèrent toujours les gens humains… Même donc si ceux qui travaillent nuit et jour devaient nous passer devant, quelle promotion mérite qu'on lui sacrifie sa famille ou sa santé ?

7. Travailler son réseau

Il serait dommage de se laisser oublier. Erika est une expatriée déterminée. Elle s'implique avec acharnement dans sa mission en Afrique du Sud. Elle a un gros poste, mais elle ne se fait pas d'illusion ; pour son entreprise, une grosse PME située à Lübeck, elle travaille « en brousse ». Relai de croissance stratégique pour le groupe, son activité leur paraît pourtant exotique. Son patron n'est jamais venu la voir et pense rarement à elle. Si un poste est à pourvoir, ses collègues qui grenouillent au siège se placeront efficacement et elle n'en sera au courant qu'une fois le poste pourvu. Passé le choc de l'arrivée, une mission transverse, une formation interfiliale, la participation à des parcours de management ou des articles pour les journaux internes sont des moyens efficaces de continuer à exister à distance.

Pour Adam, réseau = flagornage. Et son poil se dresse quand il constate la facilité de sa collègue Erika à donner des nouvelles, féliciter les uns et les autres, envoyer des vœux, s'impliquer dans les réseaux ou participer à des événements extérieurs. Le pire, c'est que ça marche !

À CHACUN SON ADN RÉSEAU

Adam pourrait essayer de développer les aspects qui lui sont plus naturels. Il dit qu'il n'a aucun réseau, mais il s'est constitué des amitiés solides pendant ses études, dans ses anciens postes ou dans ses activités associatives.

Inutile de se forcer, sous peine d'être contre-productif. Réseau en ligne, réseau sportif ou réseau familial, à chacun le sien, tant qu'il correspond à notre façon d'être.

Alain Nebout, directeur du réseau des Alumni d'HEC

8. Ne pas rester trop longtemps à l'étranger

Est-ce que trop d'expatriation tue la carrière de l'expatrié ? avons-nous demandé à tous nos interlocuteurs. Voici leur vision.

Assez rapidement, les expatriés sont déconnectés de la réalité. Ils vivent dans des conditions privilégiées et souvent ne s'en rendent plus compte. Éloignés du siège ou au moins de leur culture d'origine, certains deviennent des cow-boys qui n'acceptent plus les cadres. Endurcis par des ruptures fréquentes avec leur environnement, ils peuvent même se transformer en véritables caïds, avec des avis tranchés, incapables d'entendre un conseil ou une suggestion. Les RH recommandent donc de revenir travailler dans son pays tous les cinq ans.

Cependant, cette stratégie est souvent ignorée. D'abord parce que beaucoup d'expatriés ont fait leur vie avec un conjoint local ou se sont installés durablement. D'autres enchaînent les expatriations parce que leur expertise est très recherchée. Certains, enfin, notamment en fin de carrière ou dans des secteurs en crise, ne trouvent plus de poste dans leur pays et sont en quelque sorte satellisés, parfois à leur grand dam. Jean-Jacques, à 60 ans, trouve difficile d'être coincé à Alger, obligeant, bien malgré lui, sa femme à faire des allers-retours réguliers pour rester présente auprès de leurs enfants étudiants.

TRUCS D'EXPATS

BIEN PRÉPARER SA SUCCESSION

Dans une expatriation d'entreprise, pour ne pas être coincé par l'argument : « Nous n'avons personne pour te remplacer », la clé est de préparer sa succession et dans certaines configurations, cela doit s'anticiper dès son arrivée. Bien sûr, cela est aussi de la responsabilité de l'employeur. Mais en gestion de carrière plus qu'ailleurs, on n'est jamais aussi bien servi que par soi-même.

9. Soigner les relations avec le siège

Cet aspect concerne évidemment les couples qui partent en expatriation envoyés par une entreprise.

Erika a appris que les entreprises n'ont pas de mémoire. Lors de son poste précédent, ce n'est pas par malhonnêteté que les engagements qui avaient été pris n'ont pas été tenus. C'est à cause du départ de celui qui avait géré le contrat.

Malheureusement, les clauses en question n'avaient été évoquées qu'oralement. Depuis, Erika ne part qu'avec un contrat où tout est mentionné. « Je m'efforce de passer au siège tous les six mois, raconte-t-elle. Par exemple, je demande à mon patron de faire notre entretien annuel en face à face plutôt qu'en visioconférence. Parfois, le prétexte peut sembler futile, et cela coûte cher en billet d'avion, mais la journée que je passe au siège, à rencontrer les uns et les autres, à prendre des nouvelles, à humer l'air du temps, à rencontrer mon mentor est précieuse pour tous... »

Elle reste consciente de ce qu'elle doit à son groupe qui assure sa sécurité, la cohérence fiscale de son package et sa couverture médicale. Elle est l'une des seules à en remercier le service Mobilité. Comme ses demandes sont toujours réalistes, elle a d'excellentes relations avec eux.

TRUCS D'EXPATS

LE MENTOR, UN ALLIÉ PRÉCIEUX

C'est une habitude qu'Erika avait contractée dans son entreprise précédente. Demander officiellement à une personne plus expérimentée de la guider dans sa carrière. L'impétrant accepte toujours, à la fois flatté, mais aussi sincèrement intéressé et il lui prodigue des conseils précieux. C'est ce mentor notamment qui, lors d'un de leurs coups de fil mensuels, lui avait conseillé de passer faire un tour au siège, car des rumeurs de fusion circulaient. « Il est temps de montrer ta bobine... » C'est lui aussi qui lui avait déconseillé d'accepter une mission très prestigieuse dont il lui avait décodé les risques.

10. Oser l'expat au féminin

Demeurée seule avec deux enfants après la mort de son mari, Ida trouva d'abord beaucoup de réconfort dans la sollicitude de sa famille, de ses collègues et de ses chefs. Au bout de trois ans, cependant, elle commença à trouver ces attentions étouffantes et chercha à prendre de la distance. C'est ainsi que l'idée de l'expatriation germa dans son esprit. « Ce sera difficile, disait-elle, mais je n'irai pas trop loin pour que les enfants puissent revenir facilement en vacances et je me préparerai sérieusement. » Il lui fallut deux ans d'efforts et un recours au DRH en personne pour convaincre ses chefs de l'envoyer à Malte. Son expatriation se déroula très bien sur le plan professionnel ; étonnés de voir une mère seule avec des enfants, ses collègues en conclurent qu'elle devait être vraiment excellente pour que l'entreprise décide de l'envoyer malgré sa situation. Ida ne les contredit pas. Sur le plan personnel, le bilan est plus en demi-teinte. Certes, Ida trouva le changement et l'oubli auxquels elle aspirait. En revanche, elle trouva que le statut de mère célibataire dans une communauté expatriée essentiellement composée de couples est encore rare et inconfortable.

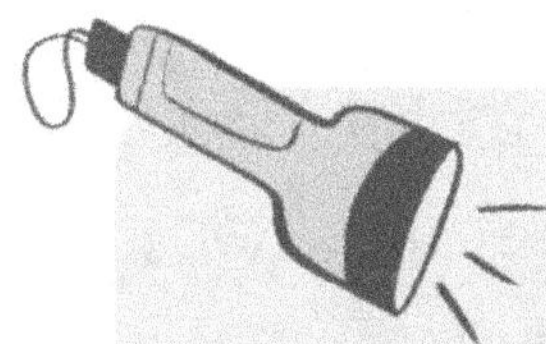

CHIFFRES CLÉS

De 20 % de femmes expatriées dans le monde en 2012 à 27 % en 2020[1]

Si l'expatriation des femmes est fortement accélérée par la nécessité de constituer des viviers de femmes potentiellement dirigeantes, elle est encore freinée par les blocages du management, les autolimitations des femmes et la question de l'équilibre familial.

On observe que les conjoints accompagnateurs hommes (10 %) sont nettement moins nombreux que les femmes expatriées. Cela signifie qu'une part importante des femmes partent seules, soit parce qu'elles sont célibataires, soit parce que leur conjoint ne les suit pas. Quid des enfants dans cette alchimie nouvelle ? Chaque famille essaie de son mieux de bâtir ces nouveaux équilibres.

---

1. Source : Enquête mondiale du Cabinet PWC en 2013 et Enquête francophone Expat Value de mai 2015. Attention, pour la France, le nombre d'expatriées femmes est sans doute plus proches de 15 %.

Le challenge clé : que l'autre parvienne aussi à trouver du travail !

Si Adam a donc trouvé un poste, concentrons-nous maintenant sur Marie, qui prend subitement l'étrange étiquette de « conjoint ». Nous vous invitons à diffuser avec nous les expressions de « conjoint expatrié », ou « *expat spouse* », et à refuser les déprimants « conjoint suiveur » ou « *trailing spouse* ».

Rappelons d'abord que 20 % des conjoints expatriés souhaitent profiter de leur expatriation pour d'autres projets que travailler, que ce soit s'offrir un moment de disponibilité pour leurs enfants, découvrir leur pays d'accueil ou prendre du recul.

Pour les autres, la probabilité que les deux conjoints parviennent à obtenir un poste dans le même pays, et précisément dans la même ville est réduite. Rappel : la probabilité de tirer un 6 avec un dé est de 1/6, celle d'obtenir un double 6 avec deux dès, de 1/36 ! En clair, additionner les probabilités revient à diviser ses chances. D'autant plus lorsque les responsabilités croissent et que les postes se font plus rares.

Contraintes et atouts professionnels des conjoints expatriés

Avant de chercher à les contourner, observons les obstacles qui s'opposent à la carrière de celui qui devient le « conjoint accompagnateur ».

Les 10 obstacles à la carrière du conjoint expatrié

Nous vous les présentons selon le poids que leur donnent les 3 500 conjoints qui ont répondu à l'enquête Expat Value de 2015.

1. Il n'a pas ou peu de réseau sur place. Or, chacun le sait aujourd'hui, la plus grosse partie du marché du travail se fait par contact, surtout dans les pays latins ou confucéens. Donc le réseau, network, guanxi, quel que soit le nom qu'on lui donne, est déterminant, notamment lorsque l'on a un profil « atypique ».

2. La méconnaissance de la langue est un inconvénient majeur pour travailler dans les entreprises locales et même de plus en plus dans les multinationales. Il devient de plus en plus courant que les étrangers parlent chinois en Chine. Le flamand est souvent exigé pour travailler en Belgique, d'où le faible taux de retour à l'emploi des conjoints qui y sont expatriés.

3. Il ne connaît pas les règles et les besoins du marché local et a donc du mal à positionner sa valeur ajoutée pour des employeurs et à se distinguer de ses concurrents.

4. Ses diplômes ou certifications ne sont pas toujours reconnus. C'est le cas notamment des professions réglementées comme les médecins, de celles qui sont liées à une pratique particulière comme les avocats ou les notaires, mais aussi du modèle des grandes écoles françaises. Il en est de même pour ses compétences et, par là, pour toute son identité professionnelle.

5. La visibilité sur la durée de son séjour est floue. L'expatrié est là pour quelques années, rarement pour toujours, et la durée du contrat peut toujours évoluer. Or, les recruteurs n'apprécient pas l'incertitude et il est difficile de leur dissimuler son statut.

6. A-t-il envie de s'aligner sur les conditions du marché local ? Un salaire en dinars ne monte pas toujours très haut. Traverser Delhi ou Moscou peut prendre jusqu'à trois heures chaque jour ! Voudra-t-on se contenter des quinze jours de congés annuels singapouriens ?

7. Le conjoint peut buter sur des problèmes de visa de travail (y compris dans des pays cousins comme les États-Unis). L'Inde ou le Brésil sont notamment des pays très contraignants pour les conjoints.

8. Pour la grande majorité, la solution viendra de la création d'entreprise ou du fait de travailler dans une entreprise de taille réduite et locale. Or nombreux sont les conjoints qui viennent de grandes entreprises et auront du mal à quitter cette zone de confort. Beaucoup résistent à explorer l'idée même de l'en-

trepreneuriat et cantonnent leur recherche à des multinationales qui les rassurent, mais où ils sont freinés par leur situation de conjoint à l'avenir incertain.

9. Enfin, la conciliation des deux carrières avec les enfants est plus difficile dans certains pays. Si les salaires américains sont souvent plus élevés, le couple expatrié est-il prêt pour autant à financer les prix parfois astronomiques des crèches locales ? Comment gérer les enfants sans réseau familial ? Le modèle de la mère de famille nombreuse travaillant à temps plein accepté en France peut choquer ailleurs !

10. Conjoint accompagnateur, femme de… Son identité et son estime de soi sont soumises à rude épreuve au moment où il faut être créatif pour se réinventer et séduisant pour convaincre.

POUR LA ROUTE

Êtes-vous conscient de ces difficultés ? Comment réagissez-vous face au fait qu'un conjoint sur deux qui voudrait travailler n'y parvient pas ?

Les super atouts des héros conjoints

Aucun de ces obstacles n'est insurmontable, surtout isolément, mais on voit bien que ce parcours va demander des trésors d'intelligence et de persévérance.

C'est ce que Marie, la compagne d'Adam, a constaté en rejoignant la communauté des *desperate trailing bees* de Hong Kong. Elle arrivait avec de forts *a priori* sur « ces femmes qui ont accepté de passer leur vie à faire du bridge et des visites ». Elle a rencontré une équipe de professionnels de haut niveau, ouverts et motivés. Voilà pourquoi elle a maintenant coutume de dire que les conjoints expatriés sont des héros.

Observons-les un instant. Oublions la règle de grammaire qui impose le masculin et parlons au féminin qui recoupe 90 % de notre cible. Dans une société frileuse et assurantielle, elles acceptent de prendre des risques pour leur carrière et pour leur sécurité financière.

Sur le plan humain, elles savent faire confiance et sont capables de prévoir à long terme.

Elles ont aussi des compétences remarquables dont les plus évidentes sont leur haut niveau de formation (74 % ont un niveau bac + 4 ou plus et les deux tiers parlent trois langues ou plus). Marie a été sidérée en montant des projets avec elles de constater l'excellence de leurs compétences techniques, souvent dans des métiers de gestion, communication, marketing. « En fait, conclut Marie, ils, ou plus souvent elles, ont exactement le même niveau d'excellence que celui ou celle qui a été envoyé comme expatrié. Comme pour Adam et moi... »

À cela s'ajoutent les qualités qu'elles vont développer pendant leur parcours. La plupart vont être obligées de sortir de leur zone de confort en étant confrontées à la solitude, à la nécessité de réinventer leurs carrières et d'apprendre à s'adapter à une nouvelle culture. Ce qui, en termes RH, recoupe les qualités très prisées de résilience, agilité, courage et maturité.

Hors de question donc que ces qualités remarquables restent inemployées en expatriation. Halte au gâchis de cerveaux !

Élaborer un projet réaliste et le mettre en œuvre

Pour cela, voici une idée du cheminement qui permet aux conjoints expatriés de retrouver un emploi. Si vous faites ce choix, soyez donc conscient que, pour contourner les nombreux obstacles que nous avons énumérés, il va falloir faire preuve d'intelligence et de motivation. Cela tombe bien, ces qualités, les conjoints expatriés en ont une grande partie par nature et vont acquérir les autres, par nécessité.

Définir ses plans de carrière

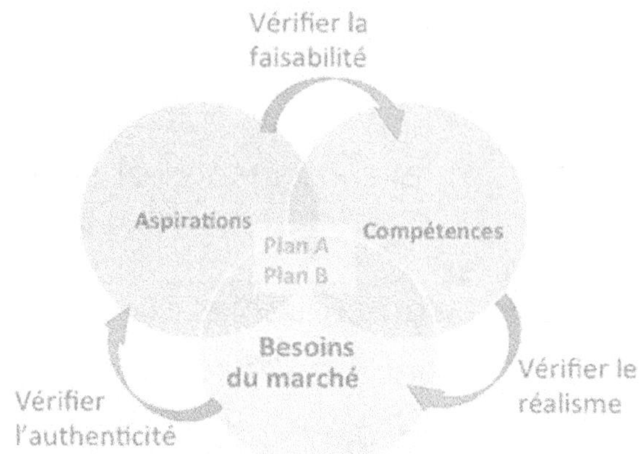

Source : Expat Communication – schéma inspiré par les travaux de Bob Aubrey.

Partir de soi : des racines et des étoiles

Il est nécessaire dans cette période de transition de commencer par relire votre parcours pour se connecter avec votre histoire, y repérer vos points forts et vos passions. La première étape est donc de se prendre comme point de départ en se posant trois questions essentielles : qui suis-je ? Que veux-je faire ? Qu'ai-je à apporter ? Ce sont « les racines » du projet. Elles en garantissent l'ancrage, la solidité et la crédibilité.

La seconde phase dite des « étoiles » permet de dessiner les directions à long terme. Ces rêves ou aspirations sont essentiels pour maintenir sa motivation au long de ce chemin escarpé. Il va falloir ouvrir des portes, créer des opportunités. Cela sera plus facile si vous êtes habité par vos projets ! Ceux-ci peuvent être d'ordre professionnel, comme « devenir l'expert de l'éducation positive dans les écoles où j'interviens », ou personnel, comme « acheter une jolie maison en Provence pour y recevoir ma famille et mes amis ».

PAROLE DE PSY

L'IDENTITÉ PROFESSIONNELLE

C'est l'alchimie entre nos réalisations professionnelles et extraprofessionnelles (sportives, associatives et familiales…), nos idéaux (nos valeurs morales, matérielles, spirituelles…) et nos motivations (goût du challenge, altruisme, indépendance…). À certains moments de notre vie, par exemple en début de carrière, on va privilégier les réalisations (professionnelles = 1er job ; familiales = 1er enfant), les idéaux et les motivations étant au mieux embarqués en passagers clandestins, au pire rejetés, car considérés comme inutiles au regard de l'immense chantier à construire. Mais en période intermédiaire, à l'occasion d'une cessation d'activité professionnelle ou d'une expatriation, ils émergent avec vigueur.

Isabelle Vignes, psychologue psychothérapeute et consultante en bilans de compétences pour ExpatCommunication

Certains auteurs évoquent la notion de vocation professionnelle. C'est le cas notamment de François-Daniel Migeon dans son livre sur le leadership authentique[1] qui s'enracine dans la notion de service et de sens. Pour Marie, la notion qui émergea était : « Aider mes clients à assurer leur futur sur le plan financier. » Et non plus « vendre des produits financiers », qui est très proche mais moins motivant !

CHIFFRES CLÉS

Les motivations des conjoints expatriés pour travailler

46 % veulent assurer une continuité dans leur CV et actualiser leurs compétences.

33 % ont envie d'avoir leur propre projet.

11 % souhaitent assurer leur niveau de vie pendant l'expatriation.

8 % ont besoin de participer à un projet collectif.

---

1. François-Daniel Migeon, *Invitation au leadership authentique*, Eyrolles, 2013.

Les chiffres ci-dessus montrent des conjoints expatriés qui n'ont pas besoin de deux salaires pour survivre en expatriation. Leur motivation profonde est avant tout l'inquiétude pour leur poste au retour et le besoin d'avoir un projet à eux. Si tel est le cas, un job local est-il toujours la meilleure manière d'assurer son employabilité et de s'épanouir ? Retenons à ce stade que dans le contexte mouvant du choc culturel, ces motivations sont souvent floues et fluctuantes. Vous voyez déjà que la question des aspirations est à la fois problématique et essentielle dans cette démarche.

C'est le moment aussi de déterminer l'équilibre pro/perso que vous voulez établir, car en expatriation plus qu'ailleurs, projet de vie et carrière sont indissociables.

Situer sa valeur : confronter rêve et réalité

Commence un véritable travail d'enquête sur le terrain pour valider vos intuitions et leur permettre de prendre une forme concrète. Les questions clés ici sont celles que nous avons déjà vues avec Adam : définir sa valeur ajoutée sur le marché et la passion qui l'entraînera pour en déduire un projet. C'est l'occasion d'une période passionnante de lectures et surtout de rencontres pour comprendre son environnement et en analyser le fonctionnement. Marie a d'abord lu et écouté pour valider la faisabilité de son projet puis évalué son expérience pour tester ses capacités par rapport aux pistes découvertes. Puis elle a validé ces pistes par des interviews de ses contacts pour comprendre les étapes et les compromis nécessaires. Ces allers-retours entre le projet et l'environnement se répètent jusqu'à ce qu'un plan réaliste apparaisse.

Dessiner un plan de carrière

L'étape suivante consiste à écrire les différents chemins possibles pour se rapprocher de son but, en prévoyant de façon précise les conditions nécessaires, les risques à prendre en compte et les compromis acceptables. Il en résulte une liste de compétences, diplômes ou accréditations à acquérir, de réseau à améliorer, d'étapes à réaliser.

La grande question de Marie était : « Faut-il apprendre le chinois ? » Pour elle, non, mais en revanche indispensable de perfectionner son anglais. Alors comment, et à quel rythme ? N'hésitez pas à prévoir des étapes intermédiaires, par exemple un petit boulot au départ ou un engagement bénévole, le temps de vous familiariser avec la langue et la culture.

Cette planification cependant a ses limites et doit rester pragmatique.

À chaque changement de circonstances, cela permet de savoir repérer l'impact qu'elles ont par rapport à notre but et s'il faut changer de direction.

L'important n'est donc pas le plan en lui-même, mais la capacité à l'élaborer. Un projet de vie est un dessin sur le sable. Comme une vague, chaque changement l'efface. Ce qui compte est de savoir le redessiner en fonction des circonstances.

PAROLE DE PSY

ÊTRE OU FAIRE ?

Lorsque le bruit professionnel se tait, le silence permet d'entendre notre voix intérieure, celle qui nous révèle notre personnalité authentique. Y prêter attention permet d'intégrer de façon harmonieuse les différentes facettes de notre être. On peut se faire accompagner par un spécialiste qui nous aidera à mettre des mots sur des idées encore confuses et élaborer un projet professionnel en phase avec la personne que l'on est devenue. Le bilan de compétences peut apporter à la fois les clés pour un nouvel emploi et rétablir une cohérence entre les qualités professionnelles et privées de notre personnalité.

Comme pour Pindare, dès l'Antiquité, Saint Augustin et enfin Nietzsche, l'enjeu véritable n'est donc pas « que fais-tu ? », mais DEVIENS CE QUE TU ES.

Isabelle Vignes, psychologue psychothérapeute et consultante en bilans de compétences pour ExpatCommunication

4 stratégies gagnantes pour les carrières nomades

Comment résoudre l'équation entre vos aspirations, vos compétences et les besoins du marché lorsque vous êtes de passage ? Voici quatre stratégies éprouvées :

1. L'expert tout terrain

Votre compétence est à la fois reconnue et recherchée dans le pays où vous allez ? C'est une alchimie idéale atteinte par exemple par Sophie, professeur de marketing en *business school* ou Luc, chef de salle dans la restauration.

2. Se spécialiser autour des besoins de la communauté expatriée

L'idée est de chercher un besoin non satisfait de la communauté expatriée locale. Orthophoniste, psychologue, professeur, relocation, distributeur de marques de votre pays d'origine, créatrice de vêtements dans le style de son pays...

L'avantage est de rester proche de votre zone de confort, tout en l'ouvrant progressivement à d'autres communautés expatriées ou au marché local. Il faut simplement rester suffisamment de temps pour que le jeu en vaille la chandelle, car se constituer une clientèle est un peu long.

Le petit plus : cherchez à vous démarquer avec une idée originale, car ce positionnement est assez classique. Ce qui fera la différence : votre réseau, l'innovation, le sérieux de votre offre.

3. Garder le lien avec ses clients tout en bougeant

Le concept est simple, la réalisation parfois plus complexe. Il faut d'abord identifier une activité et des clients qui peuvent vous suivre partout. Le Web est bien évidemment votre grand allié dans cette démarche. Romancier serait l'activité la plus représentative de cela, mais aussi journaliste, développeur web ou toutes les activités qui peuvent se faire à distance et en télétravail. Certains coachs développent une large clientèle entièrement à distance. Des professeurs d'université font des allers-retours. Des consultants arrivent à faire financer leurs billets d'avion par leurs clients.

L'enjeu pour cette solution n'est pas seulement d'identifier des compétences adaptées. C'est aussi de supporter de travailler seul, sans lien avec son pays d'accueil. Avant de vous lancer, interrogez des personnes qui se sont risquées dans cette aventure. Ils ont souvent développé des réponses intéressantes.

4. Privilégier le réseau

Inutile de gaspiller votre précieuse énergie en répondant aux offres d'emploi ; cela demande beaucoup de temps or – sauf profil très particulier – sur un poste ouvert, les locaux auront plus d'atouts que vous. Tentez plutôt de construire un projet avec des employeurs ou des partenaires potentiels à partir de vos atouts. Les offres servent surtout à découvrir le marché.

CHIFFRES CLÉS

Comment les conjoints trouvent-ils du travail à l'étranger

Selon l'enquête Expat Value, encore et toujours,

81 % ont trouvé par le réseau (le réseau réel plus que le réseau en ligne) ;

30 % par des candidatures spontanées ;

15 % en répondant à des annonces ;

4 % grâce aux chasseurs de têtes ;

(Le total est supérieur à 100 % car plusieurs réponses étaient possibles.)

5. Se faire muter à deux, la solution miracle ?

Pour lever les freins aux doubles carrières, certaines entreprises proposent un poste au conjoint, surtout lorsque le couple est envoyé dans des zones très iso-lées. Ceux qui en ont bénéficié manifestent leur reconnaissance, mais soulignent aussi la difficulté à travailler avec leur conjoint dans une petite équipe, et souvent leur frustration à le voir décoller professionnellement alors qu'eux se sentent relégués en seconde zone. Une solution rare et (car ?) ambiguë.

Quels sont vos rapports respectifs avec le networking ? Comment pouvez-vous vous entraider dans ce domaine ?

Gérer son énergie dans la durée

Nous l'avons vu, la période d'installation est rarement accompagnée d'une estime de soi au beau fixe. Les obstacles sont nombreux. Alors, comment être durablement motivé pour rester attractif et créatif pendant ce parcours du combattant ?

Halte au temps mou

Le temps des conjoints n'est plus structuré par le rythme intense du bureau et de la routine. Il devient flasque et flou, avec le risque que le moral s'y enlise. L'urgence est donc de le structurer. Je vous propose de le découper en trois zones :

1. d'abord des moments pour vous reposer et prendre soin de vous. Vous traversez une période éprouvante, impossible de passer durablement en force. Gardez-vous des plages de repos, des petits plaisirs qui donnent le moral. Le slogan « parce que vous le valez bien » a ses mérites dans ces moments où vous vous découvrez vulnérable ;

2. après le réconfort, l'effort, mais dans des limites de temps bien claires. Inutile de rester devant son micro à ne rien faire. N'hésitez pas à valoriser tous les micro-succès, parfois aussi minimes que d'avoir réussi à avoir l'assistante de votre contact au téléphone ;

3. enfin, gardez du temps pour savourer et explorer. L'expatriation est une expérience unique, ne laissez pas la recherche de travail l'accaparer à 100 %. N'en culpabilisez surtout pas. Vous devez donner envie ; or, c'est là aussi que vous irez chercher de l'énergie et de la créativité. Cours d'arts martiaux, musées, apprentissage de la langue, à chacun sa découverte. L'important est d'être impliqué dans des projets positifs qui seront parfois l'occasion de découvertes essentielles.

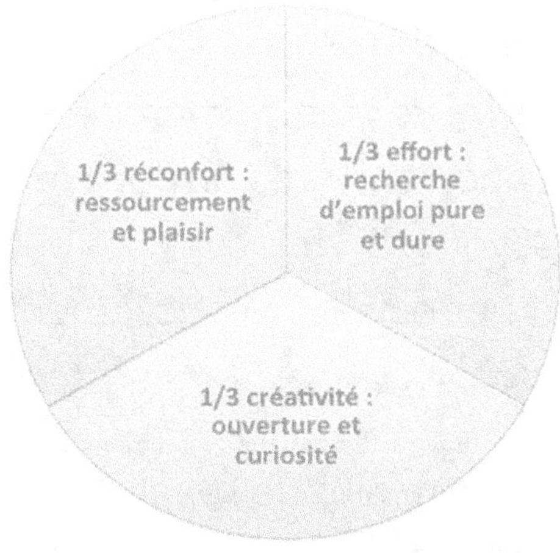

CHANGER DE REGARD SUR LE BÉNÉVOLAT

Un projet associatif qui sollicite vos talents, vous met en contact avec d'autres et vous donne de la fierté et du plaisir peut aussi être un atout pour votre recherche et votre moral. À condition de ne pas déséquilibrer votre rythme réconfort/effort/exploration. Situation d'attente ou engagement durable, ce peut être aussi l'occasion de découvrir une autre approche pour faire fructifier des compétences ignorées et découvrir de grands moments de solidarité que vous pourrez valoriser grâce au passeport bénévole.

Gérer son temps pendant sa recherche d'emploi en expatriation

Source : Expat Communication.

Poser un cadre et des limites

Laissez-vous le temps de trouver, souvent six mois ou un an. Cela tombe bien, cela vous permet d'atterrir et de vous installer. Ensuite, il sera plus difficile de boucler votre installation et de rencontrer des gens. De plus, en six mois, vos aspirations changent souvent beaucoup.

Voici deux facteurs de blues classiques et évitables pour les conjoints qui cherchent du travail :

- être « phagocytés » par les contraintes externes : les proches en visite, les vacances scolaires qui reviennent toutes les six semaines, les courses et l'interminable liste de la logistique à régler. Il faut un cadre régulier et de longues plages de travail. Amis, famille, conjoint, tout le monde peut être mis à contribution. C'est souvent difficile à mettre en place, mais si on se laisse dévorer par le quotidien, on perd le fil de sa recherche et, avec, le moral. Une idée : instaurer un rythme proche de celui que vous voulez avoir en travaillant ;

- s'installer dans un quotidien domestique, « *casual* », et ne plus se sentir faire partie du monde professionnel. Un antidote possible : se garder un espace professionnel à la maison, s'habiller « comme au bureau » en l'honneur de son ordinateur, aller à des réunions réseau, juste pour retrouver une ambiance « corporate », si c'est le monde que vous visez.

N'hésitez donc pas à affirmer votre statut : chercher du travail est un travail. Ne laissez pas s'installer l'idée que vous êtes disponible pour tout et la première personne à convaincre, c'est vous ! Si vous avez des enfants en bas âge, les faire garder, même si cela coûte cher, est un investissement indispensable.

Être BIEN entouré

À la longue, l'ordinateur est le pire allié de l'expatrié. Il est toujours disponible, parle la langue qu'on lui demande et ne nous contredit jamais si bien que le grand risque est de passer ses journées en tête à tête avec lui. Seules des rencontres réelles permettent de dissiper les illusions, d'élaborer des idées hors du cercle et de regagner de l'énergie.

La solitude n'est pas bonne ; cependant, les remarques du type : « De toute façon, tu n'y arriveras jamais » ne vont pas vous aider non plus. Repérez des personnes positives et bienveillantes qui vous inspireront de l'énergie et sauront vous rappeler vos succès et vos talents. Partout, des groupes d'étrangers ou de conjoints expatriés se créent ; ils sont une aide précieuse pour se soutenir lorsque la motivation faiblit, trouver des idées pour se réinventer, élargir son réseau et décrypter le marché. Souvenez-vous que réseauter commence par donner (son temps, ses idées) puis à recevoir.

Dans tous les cas, appuyez-vous sur des spécialistes pour refaire votre CV selon les canons locaux, relire vos lettres, vous conseiller sur les job-boards et les salaires locaux.

RÉSEAUX ET CONVENTIONS POUR AIDER LES CONJOINTS

Premier obstacle à la mobilité, la double carrière est devenue un enjeu majeur pour les entreprises. Voici quelques initiatives qui pourront vous être utiles.

La convention Cindex a créé un congé mobilité valable de trois à cinq ans si les entreprises des deux conjoints sont signataires (www.cindex.asso.fr).

IDCN est un réseau d'aide aux doubles carrières pour les conjoints des entreprises membres. Disponible dans plus de 15 villes.

Un nombre croissant d'entreprises financent des services d'accompagnement à la carrière ou des formations pour les conjoints. Renseignez-vous.

Partout des réseaux se montent, parfois autour des accueils francophones ou des CCI, parfois de façon autonome. La liste actualisée est disponible sur la page Expat Value de Facebook.

Expat Value, sur Facebook, est le premier réseau virtuel pour les conjoints expatriés souhaitant poursuivre leur carrière. Rejoignez-nous !

Enfin, garder du recul

Tant de conjoints expatriés aujourd'hui s'épuisent à chercher du travail, s'inquiètent du futur et en oublient de profiter de l'expérience incroyable qui leur est donnée, comme cette jeune femme qui nous confiait : « Je m'inquiète tellement de ne pas trouver de travail que cela me réveille la nuit ; je passe à côté de mon expatriation mais je ne peux pas faire autrement ! »

TANTE SOPHIE

J'interviens timidement dans cette partie très sérieuse. Je n'y connais rien en entreprise, mais j'aimerais cependant mettre mon grain de sel ! Faites donc des projets, des plans, des stratégies. En même temps, n'oubliez pas de goûter chaque instant sans idée préconçue. J'aime l'idée que la vie est une danse, qu'il faut rester à l'écoute de chaque moment, en percevoir la joie ! Si vous avez toujours la tête dans vos rêves et le nez à l'affût des opportunités, vous serez en transit perpétuel et passerez à côté du présent.

Si tout semble trop lourd, repartez de vos objectifs profonds. Pourquoi voulez-vous travailler ? Qu'allez-vous apporter et que garderez-vous de cette période ? Si rien n'avance durablement, il faut peut-être reconsidérer votre projet, adopter une autre approche, ajouter une étape ou valoriser autrement votre expatriation. Si vous patinez, osez demander des conseils ou peut-être avancez avec un coach. Votre projet professionnel ne prendra pas toujours la forme espérée ; cependant, la plupart du temps, vous ressortirez de cette période exigeante plus mûr et plus solide. Quelle force et quel atout de savoir apprivoiser la solitude, le doute et l'incertitude. L'essentiel n'est pas forcément de réussir un super business à court terme, mais surtout de développer de nouvelles compétences, d'apprendre à rebondir, de savoir sortir de votre zone de confort en innovant. C'est parfois une traversée du désert, mais croyez-moi, vous plantez des graines qui un jour feront un beau jardin !

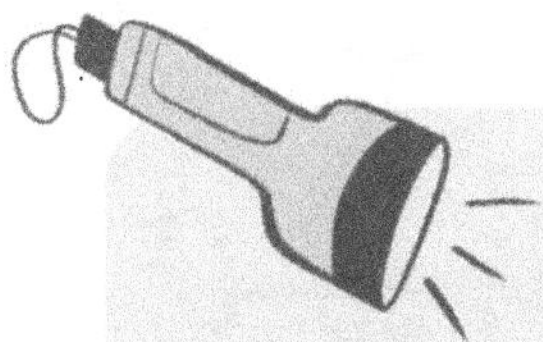

LES HOMMES ACCOMPAGNATEURS

Plus diplômés encore, les hommes qui suivent leur conjointe partent avec ceinture et bretelle : ils se concentrent sur les plus grandes villes, leur conjointe a plus souvent un statut d'expatriée et ils bénéficient davantage d'aide pour retrouver un emploi. Si leur taux de retour à l'emploi n'est pas meilleur que celui des femmes et qu'ils sont moins satisfaits des postes qu'ils trouvent, c'est qu'ils sont moins prêts à faire des compromis. Alors que leurs conditions matérielles sont optimales, ils sont beaucoup plus nombreux que leurs consœurs à vouloir travailler pour assurer la qualité de vie du ménage... Une certaine façon de se représenter leur rôle sans doute. Quoi qu'il en soit, rendons hommage à ces pionniers qui défrichent un chemin encore peu balisé.

Quel job au final pour les conjoints

Rappelons d'abord que 6 % des conjoints sont partis avec un travail, soit qu'ils aient réussi à se faire muter, soit qu'ils aient activé des contacts avant de partir. 20 % à l'inverse renoncent à chercher devant la difficulté de la tâche. 20 % étaient encore en recherche lorsqu'ils ont répondu à l'enquête Expat Value. Si 40 % avaient trouvé un travail sur place, il faut voir que ces postes correspondent rarement aux postes qu'ils avaient avant de partir.

CHIFFRES CLÉS

Les postes trouvés par les conjoints accompagnateurs

Ils entraînent une régression du salaire pour 52 % et du périmètre de poste pour 38 %, mais une hausse des compétences pour 49 %.

Ces postes sont à temps plein à 55 %, en télétravail dans 30 % des cas, salariés à 68 %, dans une structure de taille moyenne (50 %) et locale (50 %).

Notons que 19 % des conjoints qui déclarent travailler exercent une activité épisodique (moins d'une fois par semaine).

Variations géographiques

Les trois pays les plus favorables : Canada, Chine et Japon[1].

Les trois pays les plus difficiles : Italie, Inde et Belgique.

Marie et Adam sont à la frontière entre les *trailing bees* et Tic et Tac. Marie a trouvé un bon poste dans une banque chinoise, cependant, son salaire a fondu et c'est Adam qui est devenu le meneur professionnel chez eux. Elle l'avait suivi à Hong Kong avec l'illusion qu'elle trouverait un poste correspondant à celui qu'elle pourrait avoir en Belgique et en promettant : « Cette fois-ci, je le suis, mais la prochaine fois on inverse. » Cinq ans plus tard, elle respire fort quand Adam lui déclare benoîtement : « Si tu veux je te suis, mais, financièrement, ce serait une absurdité ! »

« Si j'avais su tout cela, déclare pourtant Marie, je ne serais jamais partie, et cela aurait été bien dommage. Et puis, ce n'est qu'au retour que l'on pourra faire le bilan professionnel de cette aventure. »

Marie a raison. Parlons donc du retour professionnel. Si vous choisissez de revenir chez vous un jour, que faut-il savoir de cet ultime challenge ?

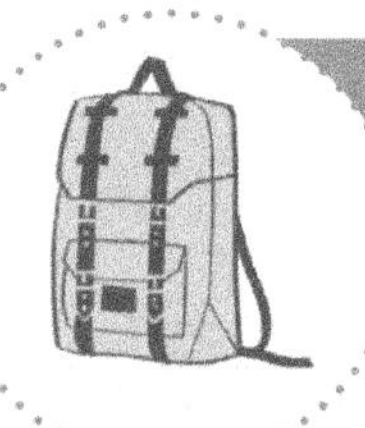

POUR LA ROUTE

Comment dans votre couple vivez-vous les différences de salaire ? Comment l'argument souvent entendu dans l'enquête Expat Value : « Je veux retravailler pour avoir de la considération à la maison et en dehors » vous fait-elle réagir?

---

1. Ces statistiques au niveau d'un pays sont à prendre avec circonspection, les populations étant faibles et donc non représentatives.

Enfin, réussissez l'ultime défi : votre retour professionnel

Alors que beaucoup s'imaginent qu'ils vont tranquillement regagner leurs pénates et tirer un bilan forcément positif de leur expatriation pour leur carrière, le retour professionnel est en réalité un défi. Pour le constater, retrouvons Carlos et Isabelle de *Ma sorcière bien-aimée*, le premier couple que nous avons rencontré dans ce livre à son départ au Vietnam et qui revient au siège quatre ans plus tard.

L'atterrissage professionnel de l'expatrié

Prenons d'abord le cas de Carlos. Tout devrait être simple puisqu'il regagne le siège de son entreprise. Il a pourtant failli quitter le groupe au bout de quelques mois.

Le recaser au siège a été compliqué : son réseau s'était étiolé, il n'était plus au fait des contraintes et des compétences requises. Plusieurs fois, ses concurrents furent retenus, car ils avaient plus d'appuis. Il fut difficile pour les RH d'imposer un collaborateur mal connu des décideurs !

Trois mois après son retour, voici les propos que son chef tenait sur lui : « Réintégration malaisée. Esprit critique perceptible sans même qu'il s'exprime. Semble trouver l'organisation lourde par rapport à la réactivité qu'il a connue en Asie. Ronge son frein. L'idée qu'il se fait de sa valeur est supérieure à ce que j'en constate. »

De leur côté, voici ce que ses collègues racontaient à la cantine : « C'est fou comme il a pris le melon. Monsieur a passé quatre ans nourri, blanchi aux frais de la princesse et il pense qu'il devrait nous passer devant parce qu'on n'a pas vécu à l'étranger ! Pourtant, heureusement qu'on est restés à faire tourner la boutique pendant qu'il se la coulait douce. »

Carlos se sent frustré et isolé. Qui peut comprendre qu'il s'est comporté en brave soldat, acceptant sans broncher des mutations de dernier moment, affrontant seul des responsabilités lourdes dans un contexte hostile avec des horaires très lourds et un stress intense en le payant parfois cher sur le plan familial. De plus, pendant des années, il a été capitaine de son petit bateau. Il était autonome, avec des postes très opérationnels de chef de projet puis de directeur de filiale locale. Il étouffe dans le contexte politique du siège.

Ce qu'il ne dira pas et qu'il s'avoue à peine, c'est qu'il s'était habitué à un statut valorisant dans la communauté locale de Monsieur le directeur de sa filiale. Au retour, personne ne se retourne plus sur son passage et cet anonymat lui pèse.

LA GRANDE AMBIGUÏTÉ

Souvent, l'expatrié est parti avec l'idée que cela serait bon pour sa carrière. Pendant tout son séjour, il a développé des compétences remarquables. Il a appris le chinois, managé dans un contexte de guerre ou appris à conduire à la mexicaine. Or aucune de ces compétences n'est directement nécessaire au siège ! Au contraire, il a même parfois régressé dans certains aspects techniques ou politiques. C'est à moyen terme que l'expatriation est gagnante.

Comme à l'étranger, humilité et habileté sont de mise.

Jean Pautrot, ancien DRH, coach, auteur, spécialiste de la mobilité internationale

Cette ambiguïté est souvent redoublée au niveau conjugal. Imaginez la frustration d'Isabelle ! Elle a accepté de « sacrifier » sa carrière pour accompagner Carlos. Au retour, elle doit repartir en arrière, avec un salaire et des responsabilités inférieures à ce qu'elle avait à 25 ans pour retrouver un poste. Elle serre les dents, mais ne se plaint pas, car cela était conforme à ses prévisions. Carlos lui apprend alors qu'il va occuper un poste pratiquement équivalent à celui qu'il avait quatre ans auparavant et que la hausse de son salaire à lui ne compensera pas du tout la baisse de celui de sa femme. La frustration d'Isabelle explose ! Il lui semble qu'ils se sont « fait avoir ! » par l'entreprise. Cependant, explique froidement son chef à Carlos, jamais l'entreprise ne s'était engagée à le promouvoir au retour !

POUR LA ROUTE

Le malentendu vécu par Isabelle est très courant. Qu'évoque-t-il pour vous ?

Heureusement, avant de démissionner, Carlos a rencontré un ancien chef avec qui il avait gardé des contacts. Celui-ci a alerté le groupe, rappelant la nature remarquable de l'expérience de Carlos sur des marchés stratégiques pour le futur. « On a pourtant sacrément besoin de gars avec cette ouverture internationale ! Chaque fois qu'ils rentrent, on les perd, et je vous assure que ce type est un bon ! »

Les RH se saisirent alors de l'affaire. Un coaching a permis à Carlos d'analyser ce qu'il a appris et d'accepter que c'est à moyen terme que ses acquis lui permettront de progresser, car ils ne concernent pas directement le business. Il a aussi compris comment communiquer sur son expérience.

Aujourd'hui, parvenu à un haut niveau dans son groupe, Carlos veille à la persistance du lien entre les expatriés qu'il envoie et le siège via des services de mentoring et de coaching.

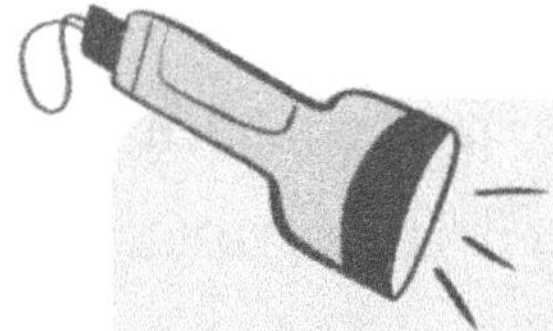

Démission au retour

47 % des expatriés quittent l'entreprise dans les deux ans suivant leur retour[1].

Trouver un poste au retour

Pour beaucoup de migrants et pour la quasi-totalité des conjoints, le retour se fera sans le confort d'un poste préexistant. Il s'agit alors de se réintégrer dans le tissu économique local et, une fois encore, de faire tourner le triangle compétences/aspirations/marché. Problème, il n'y a guère de « prime à l'expatriation » pour le CV d'un migrant de retour, si bien que l'issue d'une prospection reposant sur des réponses à des offres ou sur des candidatures spontanées est hasardeuse. Elle dépend du contexte économique et de la possibilité de transcrire ses compétences, exactement comme en expatriation. Il faut donc accepter qu'en dehors de la langue et de la compréhension du marché, vous êtes dans une situation similaire à celle que vous aviez à l'étranger : un outsider pour lequel comme toujours le réseau est un outil stratégique.

Adapter son projet

Pourquoi le retour est-il si difficile, soupire Isabelle ?

Première raison : parce que le marché est en crise. Avec un taux de chômage record en France, forcément, la concurrence est rude et personne ne l'attend. Son voisin qui n'a pas bougé peine lui aussi !

Deuxième raison : le flou de ses aspirations n'a d'égal que son ignorance de l'état du marché. Elle a commencé par forcer pour retourner dans ses vieux habits de chef de compte dans la publicité et cela craque aux entournures.

---

1. Observatoire de l'expatriation. BVA, mai 2011.

Troisième raison : les sentiments vis-à-vis de ceux qui viennent d'ailleurs sont très ambigus. Fascination-rejet, intérêt-incompréhension, indifférence-jalousie. En entretien, elle entend un message qui ressemble à : « C'est formidable d'être partie, mais pourquoi ne rentrez-vous pas dans nos cases. » Il va falloir jouer fin !

POINTS COMMUNS DE CEUX QUI SE RÉINTÈGRENT AISÉMENT AU BERCAIL

Ils prennent le temps de laisser se décanter leurs sentiments pour faire le point de leur expatriation.

Pour élaborer leurs projets, ils observent le marché et rencontrent fréquemment des professionnels de leur secteur.

Ils savent communiquer sur leur expatriation de façon à créer un lien avec leur interlocuteur sédentaire.

Facile à dire, mais compliqué à mettre en pratique, car on parle de « chez-nous », c'est-à-dire d'un lien viscéral, fait de passion et d'émotion. Quid aussi si on n'a pas de temps, ou si, comme Isabelle, on est englué dans le flou ?

Pour ceux-là, voici deux propositions :

1. apprendre à valoriser son parcours. L'Europe est en crise, or les expatriés peuvent lui apporter l'esprit d'innovation et d'audace qui lui fait parfois défaut ;

2. observer le terrain et identifier des personnes qui vous inspirent. La crise est aussi une mutation. Pour qui prend le temps d'observer, il y a une éclosion magnifique de start-up, d'entreprises sociales et solidaires, de projets innovants qui pourraient correspondre à ce que vous êtes devenu en expatriation. Pour les détecter, rien de tel que le travail d'équipe.

Un seul conseil catégorique : ne restez pas seul.

UTILISER SON RÉSEAU AU RETOUR

Le fait de revenir de l'étranger et d'avoir besoin d'affiner son projet professionnel est un sésame. « Bonjour, écrit Linda sur les réseaux en ligne, je reviens à Nantes après huit années passées au Bangladesh. J'aimerais vous rencontrer pour discuter avec vous de l'adéquation entre mes compétences de sourcing et le marché des achats dans la région. Auriez-vous du temps pour que nous prenions un café ensemble ? » Les réponses sont souvent positives, alors qu'avec les candidatures spontanées, il lui semblait crier dans le désert !

Transférer ses compétences, la méthode du kaléidoscope

Comment transcrire ses compétences en des termes qui soient compréhensibles par le marché local et construire un projet professionnel qui soit viable, vendeur et motivant à long terme ? Voici une méthode en trois étapes, utile dans beaucoup de contextes, et essentielle au retour.

1. Décomposer les compétences élémentaires

Le parcours professionnel est composé de compétences qui, selon l'environnement, dessinent des profils très variés. Dans un grand tableau, on décompose ses expériences en réalisations et pour chacune, on note le contexte, les actions mises en œuvre, les résultats obtenus et, surtout, les compétences utilisées.

Inutile de dire que cette étape est longue et fastidieuse et qu'une intervention extérieure est utile pour se motiver et disséquer la compétence jusqu'au niveau le plus élémentaire. « Je sais manager », « Oui Isabelle, mais manager c'est bien large, comment fais-tu pour manager ? » « Je fixe des objectifs et j'en contrôle l'exécution. » « Et comment fais-tu cela…? »

2. Répertorier les compétences utiles en fonction du contexte

Les compétences élémentaires sont maintenant identifiées et répertoriées, avec une étiquette indiquant leurs réalisations d'origine, comme les bocaux chez un apothicaire : « Management du changement/projet lean/Corée 2015 », « Stabilité émotionnelle/gala de l'école/Khartoum 2011 »... Il s'agit ensuite de les présenter en fonction du projet.

Dans le cas de parcours atypiques, il est rare qu'une réponse à une offre d'emploi conduise à un entretien. Pourtant, leur analyse est indispensable pour identifier les compétences clés qui devront être présentées.

Isabelle a retrouvé ses anciens collègues et les a interrogés sur leurs missions afin d'en déduire les compétences qu'ils utilisent. Elle leur a demandé aussi leurs fiches de poste pour s'en inspirer. Puis, elle a essayé d'imbriquer ses compétences élémentaires pour leur donner la forme usuelle dans le milieu où elle cherche du travail. Inutile de dire que « parler viétnamien » ne figure plus dans cet inventaire, mais plutôt « aptitude à assimiler des informations complexes ».

Voici pour vous faire gagner du temps quelques-unes des compétences les plus fréquentes parmi les pépites rapportées par les expatriés : interculturalité, accompagnement du changement, résistance au stress, management/animation d'équipes internationales, autonomie, stabilité émotionnelle, capacité à décider en environnement incertain, proactivité (ou capacité d'initiative), capacités à apprendre les langues.

3. Savoir les communiquer de façon convaincante

Une fois ces compétences identifiées, encore faut-il savoir les vendre. Or, pour les promouvoir avec brio, il est nécessaire d'en être convaincu soi-même. La méthode citée ci-dessous a été développée par Jean Pautrot. Elle permet de présenter ses compétences de façon contextuelle, en les reliant à des réalisations précises. Cette technique permet de gagner en confiance en soi, en énergie, en précision et donc d'augmenter considérablement son pouvoir de conviction.

SAVOIR VENDRE SES COMPÉTENCES

Pour chaque compétence à mettre en œuvre, établir un argumentaire de vente sous forme de fiche. Chaque argumentaire se déroule de façon identique : un titre (la compétence), puis une démonstration constituée de trois phrases : le contexte, l'action mise en œuvre, les résultats.

Jean Pautrot, ancien DRH, coach, auteur, spécialiste de la mobilité internationale

Avec cette méthode, Isabelle s'est sentie beaucoup plus convaincante en entretien. Elle n'affirme rien en l'air, mais démontre méthodiquement le bien-fondé de sa candidature. Cela lui a aussi permis d'être plus réaliste et concrète sur les postes qu'elle peut occuper.

Un bilan professionnel et financier mitigé

Quel résultat découle de tous ces efforts ? Pour les conjoints, à court terme, le retour est difficile et un accompagnement s'avère extrêmement utile. Une étude reste à mener sur leur évolution à long terme. À ce stade, il semble que l'expatriation soit clairement un détour professionnel pour les conjoints. Pour les expatriés, on l'a déjà vu, des expatriations limitées sont des accélérateurs de carrière. Leur répétition est un facteur de

CHIFFRES CLÉS

Bilan professionnel de l'expatriation selon les conjoints

Selon 62 % des conjoints, leur carrière a pâti de l'expatriation. 15 % ont retrouvé leur poste antérieur. Le chômage touche 40 % d'entre eux à leur retour. Lorsqu'ils trouvent un poste, celui-ci est salarié à 80 %, dans une PME à 72 %. Près de 50 % d'entre eux ont régressé en salaire, mais près de 40 % ont progressé en compétences.

risque. Enfin, ceux qui reviennent sans poste sont dans une situation parfois similaire à celle des conjoints.

Isabelle a trouvé les deux premières années très dures. Elle est restée longtemps dans le flou et, revenant d'Asie où elle s'était habituée à avoir la *maid* à temps plein, a tâtonné pour retrouver un rythme efficace avec ses enfants. Puis elle a enchaîné quelques CDD avant de se faire enfin accompagner dans un groupe de recherche d'emploi, ce qui, dans son cas, a été décisif. Elle s'est enfin autorisée à croire au projet qu'elle portait au fond d'elle-même : diffuser les valeurs positives de l'enseignement anglo-saxon en France. Ce projet lui donne des ailes et une énergie à déplacer les montagnes.

Dans ce bilan, l'impact financier doit également être évalué. « Ce que vous perdrez sur le plan financier, vous le retrouverez sur le plan personnel », avançait une DRH au milieu de ce livre. Qu'en est-il réellement ? Impossible de généraliser, mais voici une liste de points à évaluer pour un bilan global :

- pendant l'expatriation : éventuel package d'expatriation ? Logement ? Perte ou non du salaire du conjoint ? Protection sociale ? Delta de mode de vie ? Gardes d'enfants ?

- au retour : delta de carrière pour chacun des conjoints (en + ou en −) ? Écart éventuel sur les retraites ? Retard dans l'acquisition d'une résidence principale ? Coût de la réinstallation ?

À moyen terme, le bilan est généralement positif pour une expatriation courte et négatif pour les expatriations longues. Citons néanmoins une anonyme : « J'ai travaillé jusqu'à la retraite. Mais celle-ci est minorée de 17 % pour carrière courte, car on ne récupère pas treize ans d'absence. De plus, la retraite étant calculée maintenant sur les vingt-cinq dernières années, la mienne est très faible par rapport à mes derniers salaires. C'est une catastrophe pour les femmes qui se retrouvent seules (divorce, veuvage). »

Un expatrié lui témoigne : « J'étais passé en contrat local chez XXX aux États-Unis. Je me suis fait licencier du jour au lendemain et suis revenu sans droit au chômage en France avec toute ma famille. J'ai dû accepter le premier poste qui passait ; on a pris du temps à retrouver notre niveau de vie d'avant l'expatriation. »

Beaucoup de couples partent sur ces bases, mais autant que ce soit avec lucidité, avec la conviction que la richesse humaine prime sur la logique patrimoniale !

POUR LA ROUTE

Quel bilan escomptez-vous de votre expatriation ? Quels domaines de votre vie mettez-vous dans la balance ? Quel effet envisagez-vous pour chacun d'eux ?

Épilogue : une école de vie et de liberté

Parfois mitigé sur le plan professionnel et financier, le bilan des couples expatriés est sans équivoque sur le plan personnel. L'immense majorité souligne l'effet positif en termes d'unité familiale, d'enrichissement culturel, de découverte de soi. Ce bilan est souvent difficile à appréhender par ceux qui ne sont pas partis car il implique une reconsidération de toute l'échelle des valeurs au sein du couple. Comment imaginer avant d'être partis qu'on puisse ne pas avoir trouvé de travail et être néanmoins très épanoui ?

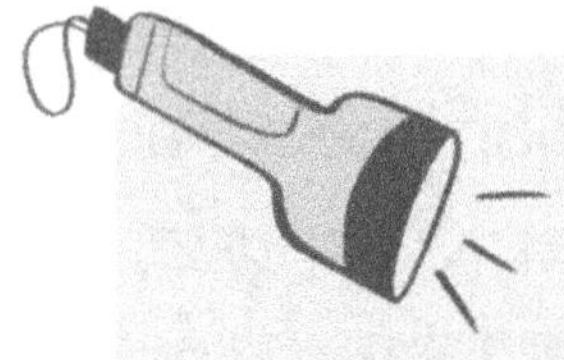

CHIFFRES CLÉS

Bilan personnel de l'expatriation

Pour 86 % des expatriés, le bilan est globalement positif. À 82 %, cela a renforcé leur couple ; à 84 %, cela a été positif pour la famille.

Même sur le plan professionnel, le bilan va au-delà des chiffres mitigés que nous avons évoqués. À ce stade, je m'éloigne de l'enquête et vous propose ma propre lecture fondée sur dix ans d'accompagnement professionnel de collaborateurs et de conjoints.

Comme toujours ici, repartons des grands enjeux. Les carrières linéaires des « Trente Glorieuses » sont loin derrière nous. Dans les années 1980, le contrat tacite passé avec les collaborateurs était le suivant : « Vous, vous travaillez et vous donnez tout pour l'entreprise. En échange, "la maison" s'occupe de vous. »

La globalisation a bouleversé ces modèles. Il est devenu impossible de garantir l'emploi à vie. Il arrive fréquemment aux entreprises de se séparer de collaborateurs qui n'ont pas démérité, mais auxquels elles ne trouvent plus de poste. Les RH établissent des plans, bien sûr, mais pour couvrir les besoins de l'entreprise. Au niveau individuel, ils se contentent de repérer les individus les plus prometteurs, de les former et de les suivre.

PAROLE DE PDG

LOYAUTÉ DE L'ENTREPRISE À L'HEURE DE LA MONDIALISATION

Mon engagement, pour garder la confiance de mes collaborateurs, à défaut d'assurance de poste, est d'être transparent et de leur donner des formations pour les aider à développer leurs compétences et à piloter leur carrière. Ma responsabilité essentielle est de les évaluer honnêtement pour qu'ils sachent à quoi s'en tenir. « *No feedback, no fairness*[1]. »

Bruno Lafont, ex-PDG de Lafarge, coprésident de Lafarge Holcim

Dans ce contexte, l'art de piloter sa carrière devient indispensable pour tous et les méthodes durement apprises en expatriation se transforment pour le futur qui s'annonce en atouts précieux. Savoir combiner ses aspirations et ses com-

---

1. Pas d'évaluation, pas de justice.

pétences dans un projet de vie réaliste, le reconfigurer en fonction des aléas, personnels ou professionnels, être capable de sortir de sa zone de confort, de décider en avenir incertain, savoir se réinventer lorsque l'environnement est bouleversé, n'est-ce pas là ce que beaucoup appellent aujourd'hui, une « carrière agile » ou « savoir piloter son employabilité » ? Ces carrières protéiformes que l'on qualifie parfois encore d'un « atypique » méprisant ne sont-elles pas d'avant-garde ? Les expatriés, et notamment les conjoints expatriés, ne sont-ils pas les précurseurs des carrières du futur[1] ?

TANTE SOPHIE

Au-delà des statistiques et des carrières, ce que je trouve beau dans cette aventure, c'est le nombre de couples qui, en acceptant de sortir de leur zone de confort, ont découvert de nouveaux talents, de nouveaux aspects de leur personnalité, de nouvelles raisons de vivre. Souvent leur vie s'enrichit de plus d'ouverture, plus de courage, plus de sens. N'enjolivons pas, la carrière de l'un d'eux, au sens où ils l'entendaient auparavant, est souvent fragilisée et cette transition ne se fait pas sans frustrations. Cependant, pour la plupart d'entre eux, cette mue est l'un des grands apports de l'expatriation.

À vous maintenant de vous réapproprier ce long développement. Le test et les dîners aux chandelles qui viennent vont vous permettre d'aller plus loin dans votre projet et de progresser dans la pratique du discernement. Alors, vous partez, vous restez ? À vous de décider.

---

1. Je tiens à saluer ici Bob Aubrey qui m'a appris beaucoup de ce que je sais en gestion de carrière, l'un des premiers auteurs à avoir compris cette évolution avec son livre *L'Entreprise de soi*, Flammarion, 2000.

SOIRÉE AUX CHANDELLES DÉCISIVE

Vous connaissez maintenant bien la formule, sinon reportez-vous page 72.

QUIZ N°3 – COUPLE ET CARRIÈRE. NOTRE ÉQUILIBRE EST-IL SATISFAISANT POUR CHACUN DE NOUS ?

ELLE dit pour ELLE-MÊME	ELLE dirait pour LUI		IL dit pour LUI-MÊME	IL dirait pour ELLE
		1. Mon travail actuel me convient bien.		
		A ☐ Tout à fait.		
		B ☐ Plutôt.		
		C ☐ Pas vraiment.		
		D ☐ Pas du tout.		
		2. Mon équilibre pro/perso actuel...		
		A ☐ est très satisfaisant.		
		B ☐ je travaille trop.		
		C ☐ mon temps de trajet est trop long.		
		D ☐ j'aimerais travailler plus.		
		3. Je suis ambitieux(se).		

		A ☐ Très.		
		B ☐ Plutôt.		
		C ☐ Pas vraiment.		
		D ☐ Pas du tout.		
		4. Dans notre couple…		
		A ☐ c'est ma carrière avant tout.		
		B ☐ c'est ta carrière avant tout.		
		C ☐ c'est chacun son tour.		
		D ☐ c'est au mieux pour les deux.		
		5. S'il y a un tiraillement entre carrière et enfants…		
		A ☐ c'est les enfants avant tout.		
		B ☐ c'est mon problème.		
		C ☐ c'est ton problème.		
		D ☐ la question ne se pose pas ou plus.		
		6. Pour moi, le plus important dans le travail est…		
		A ☐ de gagner ce que je vaux.		
		B ☐ d'être considéré au travail.		
		C ☐ d'apprendre tous les jours.		
		D ☐ que mon travail ait du sens.		

...

		7. Je suis prêt(e) à prendre des risques pour réussir…		
		A ☐ j'aime ça.		
		B ☐ c'est nécessaire.		
		C ☐ j'évite le plus souvent.		
		D ☐ jamais.		
		8. Dans les situations d'échec…		
		A ☐ je rebondis aussitôt.		
		B ☐ je fais le point et je repars.		
		C ☐ je me fais consoler et je me relève.		
		D ☐ je suis très fragile dans l'échec.		
		9. Pour moi, réussir, c'est…		
		A ☐ gagner de quoi réaliser mes rêves.		
		B ☐ faire ce que j'aime.		
		C ☐ que chacun autour de moi réussisse.		
		D ☐ avoir tenté plein d'aventures.		
		10. Si on devait partir à l'étranger…		
		A ☐ tu trouverais, je m'adapterais.		
		B ☐ je trouverais, tu t'adapterais.		
		C ☐ le premier des deux qui trouve et l'autre suit.		
		D ☐ chez nous, il n'y en a qu'un qui travaille.		

RÉSULTATS À CALCULER ET À COMMENTER ENSEMBLE !

Voir page 76 pour le mode d'emploi.

Question	ELLE	LUI	ELLE pour LUI	LUI pour ELLE	Nombre de points de connaissance mutuelle	Nombre de points de convergence
1						
2						
3						
4						
5						
6						
7						
8						
9						
10						
Total					../20	../10

ANALYSE

CONNAISSANCE MUTUELLE /60

Entre 0 et 6 points

Vous vous êtes surpris mutuellement ? Sur un sujet qui suscite autant d'enjeux, ce ne doit pas être confortable. Avant de partir ensemble, il serait néces-

saire de faire le point sur vos aspirations professionnelles réciproques. Cela vous évitera de grandes frustrations Que diriez-vous de refaire le test ensemble en en discutant ?

Entre 7 et 15 points

Vous commencez à bien vous connaître et vous en avez déjà souvent parlé et pourtant, il y a visiblement des sujets à creuser.

Plus de 16 points

Vous pourriez presque aller au bureau à sa place et la/le remplacer tant vous vous connaissez bien ! Un peu de dépaysement parviendrait-il à vous surprendre ? Il est si bon de découvrir d'autres facettes de votre amour.

CONVERGENCE /10

De 0 à 3 points

Vous êtes un couple très complémentaire. Les rôles semblent bien répartis chez vous. Comment s'est établi cet équilibre ? Vous satisfait-il tous deux pleinement ? Des ajustements sont-ils possibles ? Il est toujours utile de faire le point.

De 4 à 8 points

Selon les sujets, vous vous épaulez, vous confrontez ou vous complétez. C'est souvent au centre que se trouve l'équilibre. Cependant, dans ces questions complexes d'équilibre entre le travail et la vie personnelle, certains équilibres peuvent être trompeurs. Souhaitez-vous creuser le sujet à la page suivante ?

9 et 10 points

Chez vous, c'est « osmose et identité », « qui se ressemble s'assemble ». Vous semblez avoir des valeurs très alignées sur l'équilibre pro/perso, mais n'êtes-vous pas parfois en concurrence ? Dans quelle mesure êtes-vous complémentaires ? Le dîner aux chandelles va être passionnant !

POUR ALLER PLUS LOIN

À vous de construire votre menu douceur avec le test, les « ? pour la route » et les derniers trucs d'expats pour prendre une décision.

- Quel stratège professionnel êtes-vous ? Avez-vous identifié votre « unique selling proposition » récemment ? Comment vous y prenez-vous pour trouver le temps de remettre votre carrière en perspective ? (*cf. page 157*)

- Quel est pour vous le risque acceptable ? Vous arrive-t-il parfois d'imaginer les conséquences d'un échec dans votre poste expatrié ? Rebondiriez-vous facilement ? Cela change-t-il quelque chose à vos plans ? (*cf. page 160*)

- Êtes-vous conscient de ces difficultés ? Comment réagissez-vous face au fait qu'un conjoint sur deux qui voudrait travailler d'y parvient pas ? (*cf. page 168*)

- Quels sont vos rapports respectifs avec le networking ? Comment pouvez-vous vous entraider dans ce domaine ? (*cf. page 176*)

- Comment dans votre couple vivez-vous les différences de salaire ? Comment l'argument souvent entendu dans l'enquête Expat Value : « Je veux retravailler pour avoir de la considération à la maison et en dehors » vous fait-il réagir ? (*cf. page 182*)

- Le malentendu vécu par Isabelle (*cf. page 12*) est très courant. Qu'évoque-t-il pour vous ? (*cf. page 185*)

- Quel bilan escomptez-vous de votre expatriation ? Quels domaines de votre vie mettez-vous dans la balance ? Quel effet envisagez-vous pour chacun d'eux ? (*cf. page 192*)

VIATIQUE

TRAME DE DÉCISION EN 7 POINTS POUR UNE MOBILITÉ À DEUX

Alors, partir, déménager, rentrer, ou pas ? Comment décider ?

1. Analyser la situation

En savons-nous assez pour décider ?

Sur une grande feuille, noter au milieu la destination. Autour, toutes les informations collectées. S'il y a plusieurs destinations, faire plusieurs feuilles.

Entourer en vert ce qui est positif, en orange ce qui est à préciser, en rouge ce qui est négatif.

2. Créer une marge de liberté

Êtes-vous libres de refuser ? Quelles en seraient les conséquences ? Pourrait-on prendre le problème autrement ?

Établir trois alternatives et faire un bilan avantages/inconvénients pour chacune.

3. Écouter l'intuition

Quelles émotions ressentez-vous face à cette décision ? Imaginez différentes étapes du projet envisagé.

N'hésitez pas à fermer les yeux et à écouter votre corps.

4. Rechercher le bonheur

Que vous faut-il pour être heureux ? En quoi cette expatriation va-t-elle dans ce sens ? En quoi va-t-elle poser des problèmes ?

5. Chercher une solution commune

Comparer vos approches. Quels sont les avantages et les inconvénients pour chacun ?

Quelle décision émerge ? Pouvez-vous trancher ? Sinon, quand recommencez-vous ?

6. Trancher

C'est ça ? Comment le célébrez-vous (même si la décision est de ne pas partir) ?

Si vous prenez la décision aujourd'hui, vous devrez attendre X jours avant de la communiquer. Comment le vivez-vous ? Comment l'annoncerez-vous à vos proches ?

7. S'y tenir

Souvent une grande décision est suivie d'un grand doute. Il est utile de résumer par écrit les raisons de la décision. À court terme, cela permet de ne plus tergiverser. À long terme, c'est un engagement mutuel qui sert de repère pour les discussions futures.

CONCLUSION

Nous voilà arrivés au terme de notre parcours. Pour vous, j'ai sorti de ma besace tout ce que m'avaient appris ces années de rencontres et d'expatriation.

Pour être sûre de ne rien oublier d'essentiel, je me suis replongée dans les verbatims collectés par l'enquête Expat Value[1]. Avec mille nuances, ils répètent les mêmes messages essentiels.

Chaque mobilité est une aventure unique avec des bilans contrastés. L'international est souvent un booster professionnel pour l'un des deux. Sauf coup de chance, celui qui devient « le conjoint » voit sa carrière déroutée et sa retraite amputée, ce qui peut le conduire à un beau parcours de réinvention. Le bilan financier global à moyen terme est rarement favorable. La plupart des couples en sortent renforcés, certains y coulent. Préparation et entraide sont essentiels.

Tous concluent que l'expatriation est un enrichissement extraordinaire en matière de culture et de valeurs, un chemin accéléré pour découvrir les autres, son conjoint et soi-même. Les grands choix sont à refaire à chaque étape, on y découvre sa capacité à être pleinement acteur de sa vie. « Depuis, j'ai vraiment l'impression de VIVRE ! » s'exclame un ancien expatrié.

Une part importante de l'apport de l'expatriation est là : développer sa capacité à s'adapter. En se réinventant, notamment professionnellement, découvrir cette énergie que rien ne semble arrêter lorsque nous sommes bien alignés avec nous-mêmes. Partout, on entend que le monde change vite, que les repères

---

1. Disponibles sur le groupe Expat Value sur Facebook.

disparaissent, qu'il faut inventer de nouveaux modèles de société. L'expatriation est la plus belle des écoles pour se préparer à cet avenir instable qui devra être responsable. Elle enseigne à vivre dans un présent toujours précaire, à se réinventer et à faire équipe.

Un témoignage lapidaire m'a invité à creuser plus loin encore : « Mari parti, instance de divorce. Carrière néant. Bilan global positif. » Que veut dire cette femme ? Comment peut-elle être positive. Pourquoi son message me semble-t-il résonner avec mes quinze années de mobilité qui, elles, ont soudé notre équipage familial ?

J'entrevois une réponse, une intuition qu'il faut aller chercher tout au fond de soi-même. En bougeant beaucoup, j'ai compris que mon bonheur ne dépend pas du lieu où je vis. Même au creux de mes doutes – et ils furent nombreux – j'ai connu de grandes joies. Dans les crises, quand parfois je me sentais seule et dépassée, subsistait une lumière. En me détachant du superflu et parfois en me dépouillant du nécessaire, notamment dans la solitude, l'expatriation m'a aidée à voir qu'une certaine joie ne dépend pas des circonstances extérieures. Elle m'a aidé à lâcher prise et à faire confiance à la vie. Est-ce là ce que l'on appelle l'Espérance ?

Pour cette traversée magnifique, je souhaite bon vent à votre amour.

RESSOURCES (BIBLIO ET SUR LE WEB)

Études

Enquête sur l'expatriation des Français, Direction des Français à l'étranger et de l'administration consulaire (DFAE), ministère des Affaires étrangères 2013.

CCIP, *Les Français à l'étranger. L'expatriation quelle réalité ?* 2014.

United Nations Population Division Department of Economic and Social Affairs. Trends in International Migrant Stock: the 2013 revision.

Enquête Mondissimo « Expatriés, votre vie nous intéresse… », Vague 10, 2013.

Expat Communication. *Expat Value Comment les couples conjuguent-ils deux carrières en expatriation, enquête entre stéréotypes, mirages et courage*, 2015.

Ouvrages de référence

Expatriation

CERDIN Jean-Luc, *S'expatrier en toute connaissance de cause*, Eyrolles, 2007.

GOUTAIN Gaëlle et RUSSELL Adélaïde, *L'Enfant expatrié*, L'Harmattan, 2009 et *Conjoint expatrié, réussissez votre séjour à l'étranger,* L'Harmattan, 2012.

MARTINS Andrea et HEPWORTH Victoria, *Expat Women Confessions*, Expat Women trust, 2011.

PASCOE Robin, *A moveable marriage, Relocate your marriage without breaking it*, Vancouver, Expatriate Press, 2013.

PAUTROT Jean et GIROUARD, Yves, *Expatrié, Rêve et réalité*, Magellan, 2004.

Couple et éducation

CHAPMAN Gary, *Les 5 langages de l'amour*, Leduc, 2008.

FABER Adele et MAZLISH Elaine, *Parler pour que les enfants écoutent, écouter pour que les enfants parlent*, Phare, 2012.

HERITIER Françoise, PERROT Michelle, AGACINSKI Sylviane et BACHARAN Nicole, *La Plus Belle Histoire des femmes*, Points, 2014.

MEYFRET Sadrine, *Couple à double carrière, une figure qui réinvente la frontière entre vie privée et vie professionnelle*, Connaissances et savoirs, 2012.

NELSEN Jane, *La Discipline positive*, Toucan, 2012.

ROUCHE Michel, *Petite Histoire du couple et de la sexualité*, CLD, 2008.

SONET Denis, *Réussir notre couple*, Mame, 2010.

SONET Denis, BRUNOR, *Conseils aux couples qui s'aiment... ou qui peinent*, Entre nous, 2015.

Carrière

AUBREY Bob, *Managing your aspirations*, Mc Graw Hill, 2011.

AUBREY Bob, *L'Entreprise de soi*, Flammarion, 2000.

CLAVIER Dominique et DI DOMIZIO Annie, *Accompagner sur les chemins du travail*, Septembre éditeur, 2007.

IBARRA Herminnia, *Working identity*, Harvard Business School Press, 2004.

LEOST Claire, *Le Rêve brisé des working girls*, Fayard, 2013.

MEDA Dominique, *Le Travail, une valeur en voie de disparition*, Aubier, 1995.

MIGEON François-Daniel, *Invitation au Leadership authentique*, Eyrolles, 2013.

PARFITT Jo, *A career in your suitcase*, Bookhaker, 2008.

Un peu de littérature (on y apprend autant que dans les ouvrages techniques)

HOMERE, *L'Odyssée* (et notamment les chants XIII à XX sur le retour d'Ulysse).

OVIDE, *Les Métamorphoses* (et notamment le livre VIII, l'histoire de Philémon et Baucis).

DU BELLAY Joachim, *Les Regrets* (et notamment XXXI « Heureux qui comme Ulysse »).

LA FONTAINE Jean (de), *Fables* (et notamment celle « Les deux pigeons », et « Le pot de terre et le pot de fer »).

BEAUDELAIRE Charles, *Les Fleurs du Mal* (et notamment « Le voyage », « L'invitation au voyage »).

LA BRUYERE Jean (de), *Caractères* (pour les qualités d'observation de jugement bien utiles en expatriation).

Un roman plus récent : WYND Oswald, *Une odeur de gingembre*, Poche, 2006.

Et un polar très récent : PAVONE Chris, *The Expats*, Extra libris, 2013.

Sites et réseaux internet utiles

www.femmexpat.com, le premier réseau des femmes francophones à l'international

Réseaux

La sélection de Sabine David, directrice du site www.femmexpat.com

www.fiafe.org : l'indispensable réseau des accueils francophones à l'étranger

www.afcamae.com : le réseau des conjoints du ministère des Affaires étrangères

www.figt.org : le réseau mondial des familles en transition internationale

www.lepetitjournal.com et ses nombreuses éditions locales pour se tenir au courant de l'actualité française et internationale

www.cindex.asso.fr/ club-interentreprises sur la mobilité internationale

www.permitsfoundation.com : fondation qui promeut l'octroi de visa aux conjoints accompagnateurs

www.idcn.info : réseau d'entreprises soutenant les doubles carrières en expatriation

Administration française et francophone

www.diplomatie.gouv.fr/fr : l'incontournable site du ministère des Affaires étrangères français

www.cleiss.fr : Centre des Liaisons européennes et internationales de Sécurité sociale

www.cfe.fr : pour garder à l'étranger une protection sociale à la française

www.impots.gouv.fr : fiscalité et expatriation

www.pole-emploi-international.fr : offres d'emploi internationales

https://ec.europa.eu/eures/public/fr/homepage : The European jobs network

http://www.ccifrance-international.org : le réseau des CCI françaises à l'international

www.cimed.org : information santé des expatriés

www.aefe.fr : Agence pour l'enseignement du français à l'étranger

www.mlfmonde.org : mission laïque, association pour l'enseignement français à l'étranger

www.vae.gouv.fr : le portail de la validation des acquis de l'expérience

www.passeport-benevole.org : pour officialiser les acquis d'une expérience bénévole

Sur Facebook

Pégase est la page officielle et dynamique du ministère des Affaires étrangères vis-à-vis des Français de l'étranger.

Le groupe Expat Value fédère de nombreux conjoints qui veulent poursuivre leur carrière pendant leur expatriation.

La page Femmexpat regroupe des articles et informations de tous horizons sur l'expatriation au féminin

Formations et jeu

Formations et coaching autour de l'expatriation

Expat Communication : accompagnement de la transition personnelle et professionnelle lors d'une mobilité internationale, pour le collaborateur, le conjoint et la famille. Une approche fondée sur l'écoute, les échanges, la recherche d'idées et de solutions concrètes.

L'honnêteté pousse à rappeler que c'est l'entreprise de l'auteur, et que certains de ses concurrents sont très compétents aussi.

Le nouveau jeu « Les boîtes de comm » du couple peut être un paquet judicieux à glisser dans votre valise (voir **www.lesboitesdecomm.com**).

INDEX

« TRUCS D'EXPATS » ET « PAROLES DE... », LA RÉCAP

RETROUVEZ TOUS LES CHIFFRES

REMERCIEMENTS

À mon mari, pour ces années d'aventure et pour tout ce qu'il est.

À mes quatre sergents qui grandissent en taille et en sagesse au fil des déménagements et des nouvelles écoles, entre un papa voyageur et une maman entrepreneuse, auteur et toujours pressée.

À mes associées, pour leur confiance généreuse et leur talent innovant.

À l'immense tribu qui a contribué à ce livre par ses témoignages, ses conseils, ses relectures et son soutien.

À Élodie et à David chez Eyrolles qui m'ont aidée à faire entrer un témoignage passionné dans un cadre attractif et percutant.

Dépôt légal : Juillet 2015
Imprimé en Allemagne par BoD

www.ingramcontent.com/pod-product-compliance
Lightning Source LLC
LaVergne TN
LVHW060224060726
842527LV00009B/2944